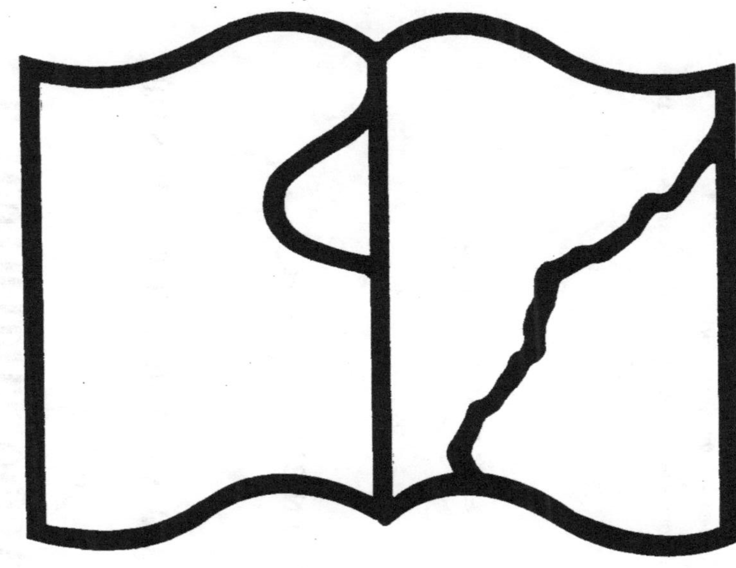

Texte détérioré — reliure défectueuse

NF Z 43-120-11

SOCIÉTÉ DES INGÉNIEURS CIVILS DE FRANCE
FONDÉE LE 4 MARS 1848
Reconnue d'utilité publique par décret du 22 décembre 1860
19, rue Blanche, PARIS

L'AUSTRALIE OCCIDENTALE

AVEC L'AIDE DES

NOTES RECUEILLIES DANS UN VOYAGE ANTÉRIEUR

PAR

Pascal GARNIER

PAR

M. Jules GARNIER

EXTRAIT DES MÉMOIRES DE LA SOCIÉTÉ DES INGÉNIEURS CIVILS DE FRANCE

(Bulletin de janvier 1900.)

PARIS
19, rue Blanche, 19
1900

SOCIÉTÉ DES INGÉNIEURS CIVILS DE FRANCE
FONDÉE LE 4 MARS 1848
Reconnue d'utilité publique par décret du 22 décembre 1860
19, rue Blanche, PARIS

L'AUSTRALIE OCCIDENTALE

AVEC L'AIDE DES

NOTES RECUEILLIES DANS UN VOYAGE ANTÉRIEUR

PAR

Pascal GARNIER

PAR

M. Jules GARNIER

EXTRAIT DES MÉMOIRES DE LA SOCIÉTÉ DES INGÉNIEURS CIVILS DE FRANCE

(Bulletin de janvier 1900.)

PARIS
19, rue Blanche, 19
—
1900

L'AUSTRALIE OCCIDENTALE

AVEC L'AIDE DES NOTES RECUEILLIES

DANS UN VOYAGE ANTÉRIEUR

par Pascal GARNIER

PAR

M. Jules GARNIER

PRÉFACE

Dans notre voyage en Australie occidentale, nous avions pour but principal de contrôler des propriétés minières appartenant à une compagnie franco-australienne. Mon fils, P. Garnier, avait déjà fait une rapide étude de ces parages quelques mois auparavant, et le genre particulier des formations géologiques qu'on y rencontre me décida à m'y rendre. Nous étions munis de lettres d'introduction pour quelques personnalités de cette colonie, et nous trouvâmes près de M. Gipp Maitland, chef du service des mines de la colonie et géologue distingué, un appui précieux, car il voulut bien nous munir de lettres pour ses différents inspecteurs disséminés sur les districts aurifères que nous devions visiter. Nous devons aussi remercier ici, pour l'aide qu'ils nous ont donnée, M. Morgans, membre du Parlement pour le district de Coolgardie ; M. E. Williams, directeur de la maison des Ingénieurs Bewick et Moreing, de Londres. Après quelques mois consacrés à une étude sans relâche, je dus rentrer en France, me trouvant très affaibli par la fatigue et les privations, laissant mon fils poursuivre mon travail.

Hélas ! cette séparation devait être définitive, car je recevais, peu après mon retour, un télégramme m'annonçant que mon malheureux fils venait de succomber, emporté par une fièvre attribuée surtout à l'excès des fatigues.

Après un semblable malheur, je ne me serais pas cru capable

de rassembler mes idées pour écrire ce petit mémoire ; mais, plus tard, j'y ai vu comme un devoir. D'ailleurs, dans la conférence qu'il vous fit ici à la veille de notre départ (février 1898), il avait promis de vous communiquer nos observations dès son retour ; cette promesse, jointe aux témoignages de sympathie que j'ai été si heureux de rencontrer dans le sein de la Société, m'ont encouragé à rédiger le mémoire ci-dessous.

Les terres australasiennes dans leurs rapports au point de vue géologique.

L'Australie orientale et centrale a été étudiée avec beaucoup de soin depuis de longues années ; on y pénétrait avec une certaine facilité. Il n'en est pas, de même de l'Australie occidentale, où la stérilité complète du sol en eau et en pâturages semblait une barrière presque infranchissable à l'homme.

Il ressort maintenant des études faites dans ces derniers temps que l'ensemble de l'Australie diffère peu au point de vue géologique ; toutefois, la partie orientale renferme un bien plus grand nombre des assises ordinaires qui composent l'écorce terrestre, pendant que la partie occidentale est surtout formée des roches les plus anciennes de notre planète.

Nous avions déjà eu l'occasion de nous occuper de la géologie de ces parages lorsque nous y arrivâmes pour la première fois, en 1863. Nos études portèrent alors sur les relations pouvant exister entre l'Australie et la Nouvelle-Calédonie, où nous devions séjourner ; dans ce but, nous entrâmes en relation, à Sydney, avec le Rev. W. B. Clarke, géologue australien qui devait laisser un nom célèbre ; nos échanges de documents et d'échantillons se poursuivirent pendant plusieurs années, ce qui nous permit d'établir la grande similitude qui existait, au moins au point de vue pétrologique. Cette similitude était si grande que Clarke pouvait publier qu'en comparant un grand nombre d'échantillons de Nouvelle-Calédonie avec d'autres d'Australie (localité de Bingera), il était impossible à l'œil le plus exercé de voir une différence. Comme, d'autre part, nous découvrîmes en Nouvelle-Calédonie des bancs de fossiles triasiques absolument identiques à ceux que Zittel venait de rencontrer en Nouvelle-Zélande, il nous parut, dès cette époque, évident que la plupart des terrains constituant les masses actuellement émergées de l'Australie orientale, de la Nouvelle-Calédonie et de la Nouvelle-Zélande étaient contemporains. Depuis cette époque, ces conclusions n'ont fait que s'affirmer dans l'esprit des géologues ; on leur a cependant opposé les profondeurs de 4 000 *m* et 8 000 *m* que la mer présente si l'on va, en passant par la Nouvelle-Calédonie, de l'Australie orientale à la Nouvelle-Zélande ; mais c'est là un fait qui ne saurait infirmer l'hypothèse de la jonction ancienne de ces terres.

Nous donnons ci-contre *(fig. 1 et 2)* quelques-uns des profils sous-marins que la sonde a indiqués entre ces terres ; les énormes

Fig. 1.

Coupe verticale de la Nouvelle-Calédonie à l'Australie
d'après les sondages du Bruat.

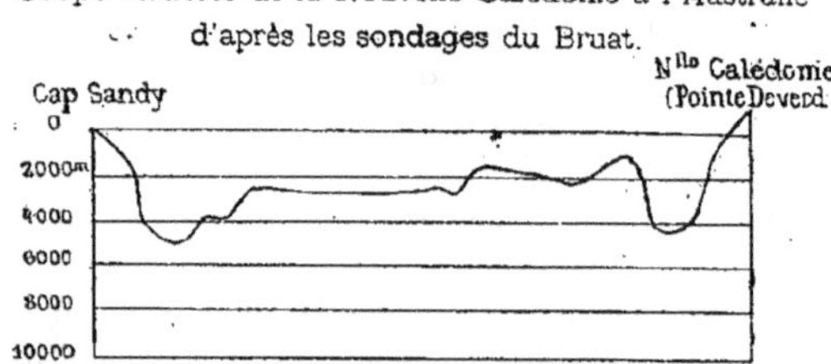

profondeurs rencontrées, mises en comparaison avec les faibles altitudes de l'Australie et de la Nouvelle-Calédonie, est déjà un fait bien surprenant et nous ferons remarquer encore que les plus grandes profondeurs des mers, aussi que bien les plus grandes altitudes (qui sont en Nouvelle-Zélande), se trouvent précisément dans les parties où les volcans modernes, éteints ou en activité, se montrent avec la plus grande puissance. Cette remarque, conduit encore à considérer ces volcans comme intimement liés aux causes qui ont déterminé les reliefs actuels, tant des terres émergées que de celles sous-marines, et nous allons quelque peu développer notre idée.

La coupe *(fig. 1)*, entre l'Australie et la Nouvelle-Calédonie montre que les plus grandes profondeurs de l'Océan sont au voisinage des deux terres et qu'elles ne dépassent pas 4 000 *m* environ ; aussi là, peu d'intervention volcanique récente, mais seulement, sur la côte australienne, aussi bien que sur le rivage de la Nouvelle-Calédonie autour de là pointe Deverd, des roches éruptives anciennes, des terrains cristallins, parfois stratifiés, extrêmement plissés et relevés jusqu'à la verticale ; démontrant qu'il y a eu comme un effondrement des anciennes assises.

Si nous poursuivons maintenant l'étude du profil sous-marin de la Nouvelle-Calédonie en nous dirigeant, non point vers des terres anciennes, comme l'Australie, mais vers les archipels d'origine volcanique récente, qui abondent dans le Pacifique, nous avons des profils tout différents et tels que celui *(fig. 2)*, qui se dirige sur une longueur de 20° environ de longitude de la Nouvelle-Calédonie jusqu'à l'archipel des Nouvelles-Hébrides

Fig. 2.

De la Nouvelle-Calédonie aux Touga.

(Coupe transversale et plan)

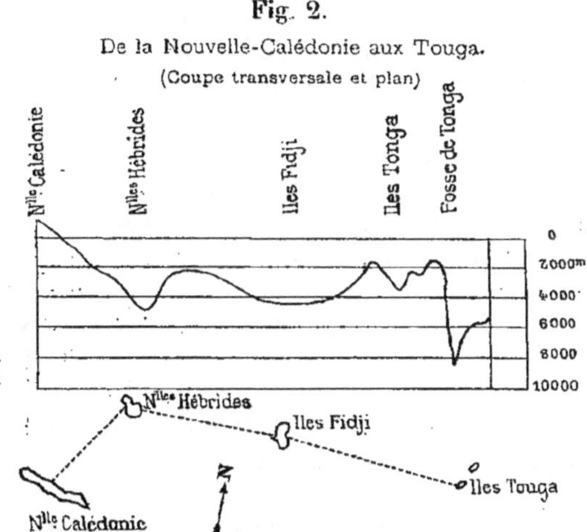

au nord-est, de là, vers l'est-sud-est aux archipels de Fidji et des Tonga.

Il est évident par le profil ci-contre que les plus grands fonds de la mer correspondent au voisinage des terres volcaniques récentes émergées : plus de 4 000 *m* de profondeur aux Nouvelles-Hébrides et aux îles Fidji ; 8 000 *m* aux îles Tonga : d'autre part, ces terres, si petites en surface, ont des altitudes relativement grandes.

Enfin, les sondages entrepris entre l'Australie et la Nouvelle-Zélande ont aussi montré de très grands fonds dans les parages si volcaniques du nord de la Nouvelle-Zélande. Ces mêmes grandes profondeurs se retrouvent au nord de l'Australie autour des îles, la plupart volcaniques, qui s'étendent au nord-ouest de l'Australie. Ce fait des grandes profondeurs autour de ces archipels volcaniques et de la grande élévation au-dessus du niveau des mers, des îles de ces archipels contraste encore plus vivement, si on le compare aux faibles mesures qu'on trouve quand il s'agit des parties du globe où les volcans n'ont pas exercé leur action.

W. B. Clarke et d'autres ont seulement invoqué, pour expliquer ces faits dans le Pacifique, des plissements et des affaissements de l'écorce terrestre, mais, selon nous, il faut ajouter une autre considération, que nous croyons de premier ordre : d'après l'étude attentive de plusieurs géologues, ces vastes fosses sous-marines se seraient formées après la période *crétacée* ou *jurassique* (1) : or, ces deux genres de terrains sont souvent formés de roches calcaires, qui atteignent généralement une puissance énorme et leur présence a été bien constatée dans l'Australie orientale.

Lorsque la période volcanique fit son apparition avec la violence, l'abondance et la durée qu'on lui a trouvées dans tout le Pacifique, il y eut d'immenses arrivées de roches fondues qui pénétrèrent de toutes parts les puissantes assises calcaires et cela d'autant mieux qu'à leur contact, ces calcaires. surchauffés, se décomposèrent et, pendant que le gaz acide carbonique s'évaporait, la chaux se répandait dans les eaux de la mer où elle devint l'une des sources où puisèrent les zoophytes des coraux pour élever leurs immenses murailles calcaires qui environnent actuellement les côtes de ces mêmes îles volcaniques : les grès ou schistes interstratifiés avec le calcaire restant furent disjoints, mis en pièce, puis s'affaissèrent et c'est pourquoi les eaux les plus profondes occupent aujourd'hui la place des anciens bancs crétacés et jurassiques, en même temps que les plus vastes archipels volcaniques y dominent. Ainsi disparurent, selon nous, d'immenses assises que les siècles avaient étalées au-dessus ou au pied des formations plus anciennes : quant aux granits et schistes cristallins qui servaient de base initiale et qui formèrent de leurs débris les assises ci-dessus, la décomposition ne les a pas épargnés dans les points où ils affleurent plus particulièrement dans l'Australie occidentale. En Australie occidentale le granit affecte un *facies* particulier : il semble formé dans son ensemble de masses sphéroïdales compactes laissées en saillies sur le sol et dépassant parfois un diamètre de 30 *m* : ce granit, extra-feldspathique, fournit encore des amas d'argile pendant que son quartz, rendu libre, indéfiniment remué par les vents, a fini par former une poussière blanche et ténue qui blanchit le sol, s'entasse dans les plis de terrain, et prend tous les aspects d'une

(1) M. L. Crié soutient que pendant le jurassique, l'Australie devait être unie à l'Inde, à la Nouvelle-Calédonie et à la Nouvelle-Zélande. Hutton pense que cette union existait pendant la période du crétacé.

neige fine par temps très froid. Ce granit, sous ces mêmes aspects, nous l'avons retrouvé à Ceylan, dans l'excursion que nous avons faite dans cette île de Colombo à Kandy (150 *km*) et si ce dernier pays n'était favorisé comme il l'est par des pluies régulières et abondantes, il serait aussi désolé que l'Australie occidentale, tandis qu'au contraire une végétation luxuriante et justement célèbre le recouvre.

Pour nous résumer, le grand plateau australien serait, principalement à l'ouest, l'ancienne assise de masses granitiques et éruptives datant du début de la solidification de l'écorce terrestre : ces masses, aussi bien que les assises plus modernes qu'elles ont pu supporter, se sont usées à la longue, laissant à nu les plaines actuelles : ainsi le port d'Albany se comble encore de nos jours de vases argileuses feldspathiques mêlées au sable siliceux. A Perth, les rivages sont bordés de collines de sable siliceux passant au grès. Avec la disparition des montagnes intérieures, les pluies ont progressivement diminué et la dénudation ne s'est plus poursuivie qu'avec une extrême lenteur. Les embouchures des fleuves se sont ensablées très avant dans l'intérieur, absorbant comme une éponge et filtrant les rares eaux qui y parviennent encore à l'époque des pluies : dans l'intérieur de la partie occidentale du plateau, les pluies s'écoulent par des lits peu perceptibles en temps ordinaire, elles ne tardent pas à se perdre dans les dépressions, où le sable les absorbe encore. Le relief du sol marque, par ses ondulations, la nature plus ou moins résistante du sous-sol, et peut-être aussi, parfois, l'emplacement des anciennes vallées où circulaient les cours d'eau peu à peu asséchés; ce qui semble le prouver, c'est que les mineurs traversent souvent de grandes épaisseurs d'alluvion avant de trouver la roche en place et, près de Coolgardie, on a retiré de ces formations récentes des matières, qu'on avait pris d'abord pour du charbon, mais que nous avons reconnu n'être que des amas de végétaux modernes où nous distinguions des masses de feuilles d'eucalyptus : cette matière, distillée dans une cornue, dégageait des gaz d'une odeur repoussante. Quoi qu'il en soit, ces anciennes vallées découvertes par le prospecteur, se sont à peu près nivellées aujourd'hui, sous un manteau d'alluvions; mais nous verrons qu'elles servent encore parfois de lits à des cours d'eau souterrains ou qu'elles sont aussi le réceptacle de mines d'or alluvionnaires, résidus de la trituration des anciennes roches aurifères disparues.

Généralités.

Avant d'aborder la question des mines de l'Australie occidentale, nous donnerons quelques détails sur ce curieux pays qui est quatre fois plus étendu que la France (2 millions de kilomètres carrés). Les contours de ses côtes ont 6 000 *km* de longueur, soit le septième du contour de la terre. On peut résumer la valeur du centre de cette immense surface au point de vue agricultural en disant que tous les chemins de fer dont on la sillonne actuellement pour le service de ses mines, aussi bien que les villes qu'on y élève pour la résidence des gens, sont destinés à revenir à la solitude la plus complète du jour où les mines seront épuisées. L'existence est donc ici toute d'artifice, puisque, par suite de l'absence d'eau et à cause de l'extrême chaleur, aucune culture n'est possible, aucun animal domestique ne peut trouver à vivre : c'est grâce à l'introduction des dromadaires de l'Afghanistan qui peuvent résister sept jours au manque d'eau et se nourrir des feuilles salées d'un arbuste assez commun, que l'on a pu explorer ce pays, d'abord, puis y construire des stations d'eau et enfin des chemins de fer. Chaque dromadaire porte jusqu'à 500 *kg* de marchandise, fait 30 *km* par jour et broute la nuit autour du camp la feuille salée du « camel food », petit arbuste auquel les chercheurs d'or ont donné ce nom. Quant aux très rares indigènes qu'on rencontre, notre race ne pourra jamais se plier à leur régime séculaire dont le fond est le lézard, la fourmi, l'araignée, la gomme des arbres, des racines coriaces et parfois un marsupiau. Comme la contrée est un plateau n'ayant que des pentes presque insensibles et des ondulations sans nombre, on ne s'est bien rendu compte de sa forme réelle que depuis ces derniers temps où de très nombreuses altitudes ont été prises le long des voies ferrées, et je dois à l'obligeance du gouvernement de la colonie de pouvoir joindre à ce travail une carte donnant ces altitudes.

On remarquera, d'après cette carte *(Pl. 228)*, que le plateau ouest-australien s'élève d'abord rapidement au-dessus du niveau de la mer, dont un bourrelet de montagnes d'une certaine hauteur le sépare, puis le plateau se forme et s'avance vers l'est en pente douce tout à fait uniforme. En réalité, ce n'est point là un plateau absolument nu, comme on l'avait pensé et écrit, c'est, au contraire, une forêt immense, continue, monotone, où les arbres assez espacés s'opposent toutefois à ce que la vue s'étende à plus de 100 *m* environ ; ces arbres sont effilés, pauvres de feuillage ; ils ont l'air triste au milieu du silence et de l'éternelle solitude : s'il y a une lacune à cette forêt si clairsemée, c'est alors une série de buissons isolés, où le sol se couvre en quelques jours d'une variété infinie de fleurs de toute couleur et très parfumées aussitôt après les pluies du printemps : mais les faibles quantités d'eau qui tombent dans l'année ne permettent qu'une fugitive durée à cet épanouissement ; le soleil ardent et presque éternel ramène bientôt le pays à son aridité habituelle. Les pluies sont donc les régularisateurs de la végétation. Près des côtes où les pluies sont plus notables, environ 0,75 *m* par an, une étroite lisière présente assez d'herbes pour l'élevage du bétail, et permet quelque culture ; il est vrai que nombre des herbes de ces prairies sont vénéneuses et que les éleveurs sont obligés d'employer un nombreux personnel, des indigènes habituellement, pour arracher les plantes nuisibles : quant aux arbres de la côte, ils atteignent parfois de grandes dimensions, et c'est le cas du « Yarah » (Eucalyptus marginata), dont la hauteur peut atteindre 150 *m*.

Les pluies annuelles diminuent donc progressivement à mesure qu'on s'avance vers l'intérieur pour tomber à 0,20 *m* par an.

Le développement de cette colonie était donc à peu près nul depuis l'année où les Anglais y fondèrent un premier établissement et, en tout cas, il était restreint à la lisière fertile des côtes. J'avais débarqué en 1863 à King-George's-Sound (Albany) ; ce port n'était alors qu'un camp destiné aux convicts d'Angleterre, et cette station s'est à peine développée en 35 années ; nous n'y retrouvâmes plus toutefois aucune trace de la petite tribu d'indigènes avec laquelle j'avais chassé et couru le pays. Mais à partir de 1882, date de la découverte de l'or à Kimberley, l'attention des prospecteurs commença à s'éveiller : toutefois le développement énorme auquel nous assistons actuellement ne date réellement que de 1892, époque où Bailey découvrit un véritable placer à l'endroit où s'élève aujourd'hui la ville de Coolgardie ; la mine découverte par Bailey était un amas de quartz tellement riche qu'il put en extraire en peu de mois pour 7 250 000 *f* d'or, sans compter, m'a-t-on dit, ce qui lui fut dérobé.

Cette masse formait le chapeau de filons beaucoup moins riches, encore exploités en profondeur. 600 *km* de désert séparaient ce point de la côte la plus voisine, mais cet obstacle n'arrêta point les prospecteurs qui arrivèrent en foule. Les récits des premières découvertes nous auraient paru incroyables, s'ils ne nous avaient été maintes fois confirmés par des pionniers de la première heure. L'or natif en grains plus ou moins gros était dispersé sur le sol, mélangé à un sable fin et ferrugineux; on le triait à la main, avec des cribles ou avec des appareils portatifs, dans lesquels un soufflet chassait les sables et laissait l'or (dry blowers); ces hommes jeunes et très vigoureux mouraient cependant comme des mouches, faute d'eau et de vivres convenables; un de ces premiers pionniers me racontait qu'il était revenu seul d'une troupe de dix, mais avec une fortune en poudre d'or.

Un sac de paille hachée servant à nourrir les chevaux se payait 50 *f*; un seau d'eau distillée 5 *f*; un œuf 5 *f*; les coriaces perroquets poursuivis par les chasseurs étaient fort recherchés; quant aux indigènes encore assez nombreux, ils tuaient à coup de lances les mineurs isolés, contre lesquels ils s'avançaient en bande formée en croissant ou qu'ils surprenaient en surgissant tout à coup des buissons où ils se cachaient : les pierres de leurs flèches, d'abord faites en frappant convenablement à petits coups pendant des heures un fragment de quartz ou de granit étaient plus tard remplacées par des fragments en porcelaine d'isolateurs des fils télégraphiques.

L'or ainsi amoncelé avec le temps s'épuisa enfin à la surface du sol, mais on le poursuivit et on le poursuit encore, soit dans les alluvions elles-mêmes, soit dans ses gîtes en place et peu à peu les mines véritables virent le jour et l'on put remarquer aussi que la découverte des plus riches mines fut surtout faite par les hommes qui n'avaient aucune pratique des mines d'or; les vrais mineurs ne fouillaient que les filons de quartz, qui sont innombrables, pendant que les ignorants fouillaient n'importe où; or, comme nous le verrons, les gisements les plus riches ne sont pas ici dans le quartz, lequel n'est riche qu'exceptionnellement.

Les placers superficiels occupent encore aujourd'hui de nombreux ouvriers que l'on rencontre par groupes de 2 ou 3, tournant et retournant avec profit les sables rouges et les « vannant » : c'est là une ressource lucrative pour les mineurs sans travail : nous ajouterons que si on pouvait traiter à l'eau ces incalculables amas de terres aurifères, qui tiennent plusieurs grammes d'or à la tonne, on arriverait à des productions absolument fantastiques.

Après la découverte de Bailey, il faut citer celle de Hannan, en 1894, qui eut lieu à 40 *km* au N.-N.-E. de Coolgardie, où s'élève à présent la ville de Kalgoorlie; ici l'or est surtout en profondeur, mais d'une très grande richesse; il fallait de l'argent pour s'installer, Hannan en manquait, et comme les lois locales exigent impérieusement que les concessions soient activement travaillées, sous peine de déchéance, Hannan dut se retirer pauvre, laissant à ses successeurs des mines d'une richesse parfois fabuleuse.

Il semble que ces plaines sont restées telles que nous les voyons, depuis des siècles; elles échappent à une dénudation quelque peu importante depuis que leur surface est plane et leur altitude faible. Pour rendre le pays plus hospitalier, les premiers mineurs heureux furent aussi les premiers à établir des abris pour loger les chercheurs d'or, puis des appareils de distillation auprès des dépressions où se rencontrent, en profondeur, des eaux chargées de sel; enfin des magasins munis de spiritueux, de conserves et autres indispensables provisions : on put donc circuler sans voir la mort à chaque pas dans ces déserts sablés d'or. La Province ne tarda pas, non plus, à faire construire des voies ferrées dont les rails, à l'écartement de 1 *m*, furent posés à raison de 1 600 *m* par jour.

Les rails sont de fabrique anglaise ou allemande, les traverses viennent de la côte et sont faites avec le célèbre bois de Yarra, qu'il faut défendre, contre les fourmis blanches par le sulfate de cuivre, malgré sa dureté et sa compacité considérables; le ballast est le gravier sablonneux qui abonde; quant aux travaux d'art, on fait des centaines de kilomètres sans en rencontrer par suite de l'absence complète de cours d'eau, ou de dénivellations importantes du sol. Les entrepreneurs ont le droit de transporter les voyageurs à leur profit tant que les délais de livraison de la ligne ne sont pas arrivés, et ils font, de ce chef, de grosses recettes, car on ne craint pas de se servir des voies primitives amenant les matériaux, voies privées de ballast, non nivelées, à déraillement facile, où la vie humaine est exposée grandement, mais personne n'hésite à s'en servir pour gagner du temps; chacun est ici comme sur la brèche, et c'est un combat journalier contre mille dangers dont celui-ci est un des moindres. Les locomotives déboisent rapidement les abords des rails pour s'alimenter; quant à l'eau, les condenseurs établis le long de la ligne, sont loin de suffire pendant les mois secs, et chaque jour l'express d'Albany partait avec 45 *l* d'eau dans des wagons-citernes pour aider à alimenter sa machine.

La circulation, même en petites voitures étroites et solides, tirées par deux petits chevaux, n'est pas impossible, car les arbres sont toujours espacés les uns des autres de plusieurs mètres, le sol plat et sec offre assez de compacité, des touffes de buissons et de plantes grasses qu'on rencontre aussi ne sont pas un obstacle : des gommiers rouges et blancs et autres arbres de la famille des eucalyptus sont les plus fréquents ; ils n'atteignent pas les énormes dimensions des variétés de la côte ; pourtant nous en avons mesuré de 3,50 *m* de circonférence : ce qui les caractérise, c'est leur faible quantité de feuilles qui, de plus, sont très étroites, ont leur surface vernie et se tiennent dans un plan à peu près vertical, de sorte que l'arbre ne fait pas d'ombre. La Nature, qui obéit à des causes raisonnables, a dû agir ainsi afin que les rosées, plus utiles que l'ombre, dans ces pays sans pluies, pussent arriver au sol et le rafraîchir, ce qui n'aurait pas lieu avec les arbres feuillus de nos pays. C'est, du moins, l'explication que nous avons trouvée. Ces arbres sont très rarement sains ; les fourmis et d'autres insectes les creusent peu à peu en rongeant leurs fibres, qui sont pourtant d'une dureté énorme ; ces insectes s'échafaudent et se mettent à l'aise en remplissant de terre les vides qu'ils font ; enfin, l'arbre, maintenu par une paroi trop mince, tombe ; les fourmis blanches achèvent de le ronger et il ne reste plus, comme témoin, que le moule de terre rouge qui emplissait l'arbre.

Chaque mine d'or un peu importante sert bientôt de centre à un établissement où se montre le génie anglais : un hôtel, un appareil à distiller l'eau saumâtre, un magasin sont établis ; chaque jour un bicycliste apporte les journaux et les lettres, parfois de fort loin ; du centre le plus voisin, les dromadaires ou des chariots font le ravitaillement. Comme le mineur gagne largement sa vie, environ 15 *f* par jour, et fait peu d'économie, c'est un consommateur sérieux ; il est rare qu'il amène sa famille, s'il en a, dans ces pays si misérables.

La bicyclette joue un rôle extraordinaire ici, où elle peut rouler facilement sur le sol sec et assez dur ; elle se faufile aisément entre les végétaux et l'on a très rarement à mettre pied à terre. Certains prospecteurs ne craignent pas de partir à la découverte sur ce fragile appareil et de pénétrer jusqu'à des centaines de kilomètres dans l'inconnu, portant une petite provision de vivres et surtout de l'eau dans le fameux « water bag » ou *sac à eau*, fait de toile à peine perméable, où l'eau reste d'une grande fraîcheur, par suite de l'évaporation constante et légère par les parois, mais, s'il arrive un accident grave à la machine, le retour est problématique et une mort épouvantable attend le malheureux.

Aussitôt qu'un centre tend à se développer sérieusement, le gouvernement le proclame « townsite » ; les géomètres tracent des rues, des squares, un terrain de « foot-ball », etc., et met en vente les lots de terrain, sans s'occuper des premiers occupants et des constructions qu'ils ont élevées. L'appareil à distiller l'eau saumâtre, l'agence du gouvernement, la poste, le télégraphe, sont les premiers édifices construits par la province, le tout en planches et recouverts de tôle ondulée.

Les voies tracées entre ces divers centres l'ont été d'abord par le pied des chameaux, qui, marchant à la file, forment une excellente piste pour la bicyclette ; ces voies se détournent plus ou moins de la ligne droite pour passer dans les dépressions de terrain où les eaux de pluie s'accumulent sous le sol perméable : c'est là que le gouvernement ou des particuliers installent des puits qui atteignent et dépassent 50 m de profondeur pour se procurer une eau qui contient en dissolution jusqu'à 10 0/0 de sels divers. Le prix de vente de l'eau pure est variable suivant l'état de sécheresse de la saison. Le combustible est le bois de l'éternelle forêt que chacun peut prendre à sa guise ; aussi chaque campement est éclairé tous les soirs par de véritables bûchers, mais la raréfaction du bois ne se fait véritablement sentir qu'au voisinage des stations de chemins de fer et des centres un peu importants.

Grâce à ces moyens, on peut actuellement pénétrer sans risque de mourir de faim ou de soif, comme autrefois, jusqu'à 800 km environ vers l'est, en partant de Perth, sur la côte occidentale de l'Australie.

Toutefois, dans ce pays, la grosse question est encore celle de l'eau ; aussi lui consacrerons-nous quelques détails, d'autant plus que cet élément n'est pas moins indispensable à l'homme et aux animaux qu'aux usines à traiter le minerai d'or.

L'homme ne garde auprès de lui que le cheval, malgré le prix élevé de son entretien, mais il lui est indispensable pour le transport par chariots, que ne peut faire le chameau ; aussi ce dernier, si indispensable au début, que les Afghans avaient introduit en très grand nombre, perd à présent sa valeur première :

ceux de ces animaux qu'on n'a pas rapatriés sont cantonnés aux limites des territoires inconnus, où les pionniers les recrutent pour s'avancer encore plus loin ; il ne saurait y avoir ici de réserves vivantes d'animaux de boucherie : toutes les viandes consommées arrivent gelées, en conserves ou sur pied, mais alors dans un état lamentable.

L'eau des rares pluies suit des mouvements divers, sur lesquels nous reviendrons au sujet de la géologie, à laquelle cette question se rattache, mais on peut dire que la seule eau vraiment potable est presque toujours celle des pluies recueillies sur les toits de tôle ou bien celle qu'on a distillée.

Nous avons vu des malheureux n'ayant pas d'argent pour acheter de l'eau douce, qui buvaient depuis quelques jours l'eau saumâtre ; elle les avait rendus d'une maigreur effrayante. Les prospecteurs passent parfois des semaines et des mois sans faire aucune ablution et sans changer de linge. Les Compagnies minières fournissent l'eau douce à leur personnel et c'est parfois une assez grosse dépense si l'eau est rare près des travaux et qu'on soit, par suite, obligé de la faire venir de loin. Le gouvernement s'est beaucoup occupé de cette question vitale pour la colonie ; on a successivement proposé d'établir de grands réservoirs pour capter les eaux de pluie, ou bien de foncer des puits dans le granit.

Le premier de ces moyens est peu pratique, car le pays est trop plat et généralement perméable aux eaux ; quant au second moyen, les puits dans le granit, on l'a tenté sans succès, ce qui était à prévoir dans ce pays plat, où l'eau ne saurait être jaillissante et, par suite, de bonne qualité.

On s'est arrêté au projet d'amener les eaux douces des rivières qui alimentent le bassin de la « Swan River », près de la côte occidentale, qui fournissent un débit d'eau assez important et régulier ; l'exécution de ce projet exige la pose de 450 km de tuyaux et coûtera 60 millions de francs ; le point de départ est le « Mont Helena », où la rivière à capter suit les fonds d'une gorge profonde, à parois élevées, permettant de faire un barrage de 35 m de hauteur et de 200 m de largeur. Les eaux en amont seraient retenues sur une distance de 12 km, formant un bassin de 20 millions de mètres cubes de capacité ; il recevrait les eaux de pluie qui tombent sur un territoire de 140 000 ha de surface, à raison de 0,50 m de hauteur chaque année ; l'exécution de ce grand projet commencera en 1898 et ne durera que trois ans.

La canalisation aboutirait au « mont Burgers » qui domine de
140 *m* la ville de Coolgardie et de 190 *m* celle de Kalgoorlie ; un
immense réservoir recevrait les eaux pour les distribuer ensuite
aux divers centres miniers. On prévoit une arrivée d'eau de
20 000 *m³* par jour à un prix de revient de 1 *f* le mètre cube,
y compris l'intérêt du capital, le fonctionnement et l'entretien :
on a calculé que l'eau mettra dix jours pour arriver à destina-
tion. Comme nous l'avons dit, l'eau abondante et à bas prix per-
mettrait dans ce pays la mise en exploitation d'un grand nombre
de mines ou d'alluvions aurifères : il faut environ 2 500 *l* d'eau
pour le traitement d'une tonne de minerai par les pilons et les
plaques d'amalgamation, sans parler de la cyanuration des « tailings », ou sable, et des « slimes » ou boues ; or, bien des mines
manquent d'eau ou n'en trouvent qu'une quantité limitée ;
elles sont donc arrêtées. C'est une des doléances des mineurs,
ici, d'avoir souvent de l'eau en profondeur, là où les filons sont
pauvres, et de n'avoir pas d'eau là où les filons sont riches.

Nous remarquerons encore que l'eau saumâtre qu'on emploie
actuellement pour le traitement des minerais, convient mieux
que l'eau douce, attendu que la présence du sel marin entretient
les plaques de cuivre amalgamées plus avivées à leur surface,
ce qui facilite l'amalgamation.

Géologie.

Nous avons déjà dit que cette vaste contrée, à peu près horizontale aujourd'hui et de faible hauteur, a dû perdre peu à peu
avec la disparition progressive de ses montagnes, ses cours
d'eau et, par suite, la richesse primitive de sa flore, de sa faune.
Les animaux et les plantes qui restent sont les espèces pouvant
vivre à peu près sans eau, au moins dans la plus grande partie
de la zone qui nous occupe.

En examinant la carte géologique que nous donnons *(Pl. 228)*
de la partie la plus riche en mines d'or, de l'Australie de l'ouest,
on remarquera la prépondérance des granits ; ils sont seulement
sillonnés par des bandes de « greenstone » ou « amphibolites »
sur la nature desquelles nous reviendrons ; ces bandes, souvent
d'une grande dimension, sont nettement orientées dans la direction du nord-nord-ouest, leur ensemble formant avec le granit
qui les enclave la véritable zone aurifère, laquelle coupe en
écharpe toute l'Australie, depuis les bords de la mer au sud jus-

qu'aux rivages nord-ouest de l'Australie. Les granits, étant souvent à nu à la surface, ont été facilement étudiés, mais jusqu'ici c'est la partie que représente notre carte qui s'est montrée la plus aurifère, et cela avec le cachet spécial d'enchevêtrement des granits et des « greenstones » que nous y voyons. Les géologues comptent six zones granitiques avec bandes de diorites aurifères parallèles, celles-ci de largeur relativement faible, et séparées par la large masse des granits à peu près stériles en métaux.

Tout ce vaste ensemble serait, peut-on dire, d'une géologie bien monotone s'il ne renfermait l'ensemble le plus complet de mines d'or qui soit encore connu, selon nous ; on peut dire qu'à peu près tous les types connus de mines et de minerais d'or se trouvent ici sans compter les nouveaux. Il y a là un *écheveau* de mines d'or, dont nous eûmes bien de la peine à débrouiller quelques fils, et qui laisse de longues études à faire aux géologues de l'avenir.

Nous dirons que nous avons été beaucoup aidés dans dans nos recherches, ici, par nos études antérieures, au Canada dans le district de Sudbury, études que nous avons résumées ici même (1) ; ceux qui nous ont fait l'honneur de lire ces études retrouveront dans celle-ci des faits d'une telle analogie qu'ils y verront, une fois de plus, que la nature se répète souvent en géologie. Comme au Canada, d'énormes masses dioritiques se montrent en bandes longues et larges dans la masse granitique qui leur sert de ceinture : comme au Canada, encore, ces dykes contiennent des concentrations exploitables de divers métaux généralement sulfurés, lesquelles se seraient séparées des dykes, comme l'ensemble des dykes s'est isolé d'un côté et le granit de l'autre, Ici, et en plus qu'au Canada, ces concentrations métalliques sont souvent accompagnées de tellure. Nous avons admis autrefois pour le Canada, avec M. Bell, du « Geological Survey Department of Canada », que l'énorme masse des diorites avait émergé au travers des granits ; aujourd'hui, nous allons plus loin et nous pensons que ces masses dioritiques sont elles-mêmes contemporaines des granits qui leur servent de ceinture, elles n'en seraient que de simples sécrétions, produites pendant le refroidissement lent de la masse entière. Pour étayer cette façon de voir, nous avons jugé bon de soumettre à nos auditeurs une partie

(1) Nickel, cuivre et platine du Canada, Société des Ingénieurs Civils, mars 1891.

des faits qui semblent fortement l'appuyer et qui nous ont servi de bases à nous-mêmes en dehors de l'examen sur le terrain : en résumé, notre théorie, en ce qui concerne l'Australie occidentale, serait qu'aux époques anciennes où la masse superficielle terrestre était encore fluide, on y trouvait disséminé, sans ordre, l'ensemble des éléments chimiques qui se sont peu à peu combinés, donnant naissance à des cristaux définis de forme et de composition: à leur tour, ces cristaux, s'associaient, créant soit des masses de granit, soit des masses dioritiques, soit des masses plus riches en or libre, sulfuré ou telluré, mais à gangue le plus souvent hornblendique. En d'autres termes, à cause des masses énormes en présence et de la haute température qu'elles possédaient, le refroidissement et la solidification ne peuvent s'opérer que dans un temps très long, de sorte que les affinités chimiques des éléments en présence, grâce à la fluidité, purent s'exercer et constituer les cristaux du granit, accolés par grandes masses, aussi bien ceux des amphibolites ou greenstones. Ces dernières substances, plus ou moins chargées de protoxyde de fer, qu'accuse leur couleur verte, plus fusibles que l'ensemble des granites, se chargèrent plus aisément des sulfures et tellurures qui entraînaient les métaux. Par sa composition tout cet ensemble de roches était sous une action plutôt réductrice, c'est-à-dire plus aisément conductrice de l'électricité. Certains de ces éléments notables restaient dispersés sous des formes diverses dans les trois éléments : granits, greenstone et sulfures, ce qui caractérise encore à nos yeux la commune origine; c'est ainsi qu'on trouve souvent de l'or dans les granits eux-mêmes, retenu entre les cristaux, par petits fragments, aussi bien que dans les greenstones où il est toutefois déjà plus abondant. Quant à la masse des substances métallifères, alliée au soufre ou au tellure, c'est-à-dire la plus fusible de l'ensemble, elle s'isola aussi par affinité, formant les zones riches, plus ou moins isolées des parties *rocheuses*, mais qui prirent au milieu d'elles une allure des plus remarquables dont nous parlerons. Les plans de séparation de ces trois variétés d'*ensemble minéral* : granit, greenstone et sulfures, sont loin d'être nets; il y a souvent passage lent de l'une à l'autre ; parfois, cependant, une bande de quartz les sépare, c'est de la silice qui n'a pas trouvé de bases à s'assimiler ni d'un côté ni de l'autre : cette zone de quartz est aussi souvent avec or natif et minéralisée; de plus, elle pénètre souvent plus ou moins les ceintures encaissantes comme pour s'y fondre peu à peu; et c'est là, d'ailleurs, une des caractéristiques de ces zones, si différentes de composition, quoique sorties de la même masse. Cette forme des zones où domine le quartz semble avoir plus d'or libre et moins de pyrites : ici c'est le quartz qui a retenu l'or.

Si nous fixons notre attention sur les bandes métallifères, nous leur trouvons des caractères constants très remarquables : 1° leur direction oscille toujours autour d'un méridien; 2° leur inclinaison est toujours près de la verticale en profondeur; 3° les parties les plus minéralisées prennent une structure schisteuse, parfois très nette, dans le sens du pendage.

L'explication de ces trois caractères pourrait se donner comme suit :

1° Les masses dioritiques où se sont concentrés les pyrites plus ou moins magnétiques et du fer oxydulé, sont elles-mêmes à base de protoxyde de fer, c'est-à-dire des matières plus ou moins magnétiques, il n'est donc pas surprenant que cet ensemble se soit orienté dans la zone enveloppante à la façon d'une aiguille aimantée, c'est-à-dire oscillant autour d'un méridien;

2° La verticalité de ces bandes métallifères n'est pas absolue, car elle ne sont que des masses lenticulaires de dimensions extrêmement variables ; toutefois les axes de ces lentilles sont dans des plans à peu près verticaux. Souvent la liquation des zones riches en or s'est produite sous un certain angle, 45° par exemple, relativement à la verticale et cela dans la masse du lode; c'est que la matière plus lourde a suivi dans la liquation les lignes de moindre résistance, c'est-à-dire les plus fluides, lesquelles ne correspondent pas forcément avec la verticale. Ne pourrait-on admettre que la densité bien plus grande de la masse de ces lodes très minéralisés, les a forcés à s'allonger verticalement suivant les lois de la pesanteur, pendant que les roches fluides enveloppantes étaient refoulées. Ces mouvements étaient sans violence, lents et les concentrations devaient se produire aussi longtemps que la fluidité de l'ensemble le permettait; ce qui prouverait le cheminement métallique de la circonférence au centre c'est que la roche périphérique est de moins en moins riche en métaux à mesure qu'on s'éloigne du centre.

3° On comprend, dès lors, que ces zones plus denses, parce que plus métallifères, présentent l'aspect verticalement schisteux

qu'on leur voit, puisque leur ensemble suivait un mouvement
de haut en bas, une liquation, pendant laquelle les parties plus
lourdes de la zone elle-même prenaient les devants, se laminaient
par friction et laminaient les molécules tangentes plus légères.
Nous pensons que, d'une manière générale, les différences de
densité, quelque faibles qu'elles fussent, mais se produisant sur
d'énormes masses, ont dû jouer un rôle mécanique très important, si l'on songe que la densité du quartz, par exemple, est
2.75, celle de la hornblende 3.157, celle du granit entre les deux
et, enfin, celle des zones métallifères beaucoup plus élevée et ce
sont là les quatre éléments principaux en présence ; en effet, les
« diorites » enveloppant les lodes, examinées au microscope, ne
montrent qu'un mélange très intime de cristaux de hornblende,
où le feldspath est rare et marque sa présence par des taches
blanches ; on rencontre souvent dans ces lodes des quartz avec
fluides occlus, des calcaires et des zoïsites, mais ces minéraux
sont certainement plus récents et, dans les parties supérieures,
pénétrées par les eaux, ainsi que nous le montrerons plus loin.

Ce qui arrive encore c'est que la richesse métallifère augmente
généralement dans la zone (qu'on nomme « lode » ici), dans ses
parties centrales et qu'il faut s'éloigner parfois de plusieurs centaines de mètres dans l'amphibolite enveloppante pour ne plus
trouver d'or, au moins en quantité très appréciable : quant à
l'aspect à l'œil du lode lui-même, il ne diffère souvent en rien
de l'amphibotite elle-même et, sauf une structure plus ou moins
schistoïde, qui elle-même est trompeuse quant aux teneurs en
or, il ne reste que l'essai pour être réellement fixé sur la teneur.
Nous avons lavé la poussière de coups de mine dans de la diorite
située à plus de cent mètres d'un lode et nous y avons toujours
trouvé 2 à 3 g d'or : ce métal, ici, était une partie constituante de
la roche, au même titre que la hornblende elle-même. Comme
il n'y a pas de doute que ces ceintures dioritiques des lodes sont
ici partie constituante de l'écorce terrestre, il est absolument
probable que les zones lenticulaires aurifères s'y dispersent dans
ces parages jusqu'aux plus grandes profondeurs avec les mêmes
caractères minéralogiques.

Il sera donc impossible à l'homme d'atteindre ces richesses,
les moyens du mineur étant limités au-dessous d'un certain
niveau ; mais le parallélisme de ces lodes dans les terrains
exploitables est un bon guide, car des galeries ou des sondages
de l'est à l'ouest lui permettront d'en découvrir de nouveaux.

Faits à l'appui des opinions ci-dessus
sur la formation des zones.

Il nous a semblé maintenant nécessaire de fournir quelques faits à l'appui de notre manière d'expliquer la formation de ces zones métallifères s'isolant d'elles-mêmes, à l'époque de leur fluidité, ou de leur semi-fluidité, des gangues pierreuses, fluides elles-mêmes, auxquelles elles étaient simplement mélangées au début.

Le premier fait que nous rappellerons et qui est bien connu est celui qui se produit quand on grille à l'air libre et en tas des minerais bruts de pyrites de fer et de cuivre :

1° On sait qu'alors, et sans qu'il y ait fusion, les molécules de soufre, de fer, de cuivre se mettent en mouvement dans la masse pour y constituer des *nœuds* ou « *nuclei* » qui *sont toujours de même composition chimique :* un tiers de soufre ; un tiers de cuivre ; un tiers de fer. Ce fait est analogue à la concentration que nous constatons dans les lodes aurifères.

2° Quand on traite dans un convertisseur à revêtement siliceux une « matte » de cuivre et fer, en présence d'un excès de silice, on observe que la scorie qui se forme a juste un tiers de silice pour deux tiers de protoxyde fer, soit la composition de la scorie à base d'oxyde de fer la plus fusible : quant à l'excès de silice, il reste libre. C'est le cas de l'ensemble de la formation qui nous occupe, où, par exemple, la silice qui se trouve en excès pour former des cristaux définis avec les bases, reste emprisonnée dans la masse à l'état de quartz en rognons ou en filons.

Pendant que la silice et l'oxyde de fer se combinent comme nous venons de le dire dans le convertisseur, le bain de cuivre sulfuré ne quitte pas la composition de sous-sulfure de cuivre ($Cu^2 S$) malgré la vigoureuse action de l'air agissant sur lui, mais pour un équivalent de soufre qui se dégage du sous-sulfure un équivalent de cuivre métallique est mis en liberté et tombe au fond du bain (1). Cet exemple frappant de la puissance d'affinité des corps à s'unir entre eux, malgré tout, en des proportions définies, vient encore, selon nous, énergiquement appuyer notre opinion.

3° Nous signalons encore un autre fait, peu connu, et non moins

(1) *L'aluminium et le Nickel*, p. 22, par J. Garnier. — Baudry, éditeur, Paris.

topique que les précédents ; lorsque nous coulions en grandes lingotières des blocs de mattes ou sous-sulfures de cuivre, nickel et fer sortis des cubilots à fondre les minerais de nickel grillés, il arrivait souvent dans les usines de Sudbury (Canada), que ces blocs de matte, cassés après refroidissement, présentaient dans leur partie centrale des filets ou lames cristallines dont l'analyse donnait :

Nickel 52 0/0
Fer 44
Cuivre 4
                                      100 0/0

Le point de fusion de la matte est de beaucoup inférieur à celui d'un tel alliage ; néanmoins la quantité de soufre faisant probablement défaut pour former un sous-sulfure complet, une partie des métaux s'isolait en un alliage absolument malléable et privé de soufre. Cet alliage, reproduit industriellement, mériterait d'être étudié sur des échantillons plus volumineux que ceux qui s'obtiennent ainsi par hasard.

4° Enfin nous avons montré par l'expérience (1) qu'en faisant traverser par un courant électrique assez faible (10 volts et 23 ampères) une matte fondue ou pâteuse à base de nickel, cuivre et fer, la matière, homogène au début, avait, au bout d'un certain temps de passage du courant, une composition très différente suivant qu'on la considérait près de l'anode ou près de la cathode : il y avait eu, sous l'influence du courant, un mouvement relatif très marqué des corps simples constituants de la masse, mouvements qui semblaient, dans ce cas, avoir pour but de rendre à chaque instant l'ensemble de la masse également conductrice du courant électrique.

Nous espérons que ces quelques exemples de mouvement relatif des éléments constituant un mélange fondu ou pâteux, mouvements qui s'expliquent par une sorte de force naturelle qui sollicite ces éléments à s'unir, soit pour former des combinaisons plus fusibles, soit plus conductrices de l'électricité ou de la chaleur, permettront de se rendre compte que les opinions que nous avons exposées au sujet des formations aurifères primitives ouest-australiennes ont de nombreux appuis, dans des faits bien déterminés, dont nous pourrions d'ailleurs multiplier les exemples.

(1) Action d'un courant électrique sur une série de métaux sulfurés en fusion. *Comptes rendus de l'Académie des Sciences,* janvier 1895.

Gisements d'or dérivés des zones aurifères ou lodes.

A la longue, la dénudation, l'usure superficielle des formations primitives que nous venons d'examiner, ont mis en liberté l'or qu'elles contenaient dans les niveaux supérieurs disparus, cet or a obéi ensuite aux diverses forces mécaniques et chimiques qui le sollicitaient : libéré par oxydation du soufre et du tellure, il se répartissait à la surface du sol et s'y étalait avec plus ou moins d'épaisseur suivant les pentes, le courant des eaux et les mouvements des sables. Les oxydes de fer des pyrites, infiniment plus abondants que l'or, couvrent encore le sol, colorent fortement les sables, se réunissent en magnas plus ou moins gros d'hématite, et leur présence est un des meilleurs signes du voisinage des lodes aurifères pyriteux. La dénudation, la décomposition superficielle se sont, comme toujours, exercées plus rapidement sur les roches basiques, riches en feldspath, par exemple ; les argiles kaoliniques se sont éliminées mécaniquement, laissant des sortes de dépressions ou de vallées relativement importantes, où les alluvions aurifères ont plus tard trouvé un abri ; les crêtes dominant ces creux sont, au contraire, formées des roches plus résistantes et siliceuses : granits, greenstones ou lodes. Cette courte description pourra faire concevoir à l'esprit du lecteur la topographie habituelle des plus riches « champs d'or » de cette contrée : par exemple Coolgardie, Kalgoorlie, Bardoc, Vetterfind, etc. Il est à peine besoin d'ajouter, après ce que nous avons dit plus haut, que des dômes granitiques siliceux émergent çà et là, dominant la plaine, pendant que les territoires à zones métallifères ont la direction générale des lodes, c'est-à-dire le nord-sud : à l'est et à l'ouest de ces lignes de faîte, mais non loin de leur sommet, s'alignent, à divers niveaux et parallèlement, d'autres lodes, parfois les plus riches, puisque leur état de plus grande décomposition vient de leur plus grande teneur en pyrites.

Enfin, dans le bas de la pente, les alluvions argileuses, les sables rouges, s'étendent au loin, présentant, çà et là, des dépressions un peu plus grandes, où les eaux des pluies se concentrent, se montrent pendant quelques jours et disparaissent par imbibition dans le sol perméable, laissant une surface dénudée garnie de cailloux, et qu'on nomme « lac sec ». Ces lacs, dont le fond est généralement une des roches compactes de la contrée, sont assez fréquents et d'une étendue parfois considérable ; la plupart du temps l'eau, très saumâtre, s'y trouve à quelques pieds seulement de profondeur pendant que leur surface, couverte d'une croûte de cristaux blancs de soude, de calcium et de magnésie, étincelle au soleil et provoque de curieux effets de mirage : l'illusion d'un véritable lac est si grande qu'on est tenté d'aller toucher de la main pour s'assurer que ce n'est pas de l'eau. Il est dangereux de traverser à pied certains de ces lacs par crainte d'enlisement dans la vase sous-jacente.

Il est à noter que certains de ces lacs, après les grandes pluies, se recouvrent d'oiseaux aquatiques, venus vraisemblablement de fort loin, guidés par un curieux instinct. On se demande quelle proie ils viennent chercher : mais, n'est-ce pas en Australie qu'on a découvert des sortes de poissons munis à la fois de poumons et de branchies, c'est-à-dire pouvant vivre à terre en attendant le retour des eaux ; sans doute ces oiseaux trouvent dans ces lacs des êtres qui se cachent dans les vases en attendant le retour des pluies.

En approfondissant les recherches dans les alluvions, les mineurs arrivent à la roche en place : celle-ci est souvent recouverte d'une couche de conglomérat récent qui renferme encore de l'or très exploitable.

Ces conglomérats ou couches aurifères sont nommés ici « deep leads », et ces dépôts semblent suivre sur la roche ancienne en place des dépressions qui auraient été les lits de cours d'eau.

La roche aurifère est, dans ce dernier cas, un conglomérat à éléments de quartz très variables de grosseur et plus ou moins roulés, comme à Kanowna, tenant aussi des fragments d'hématite. Ailleurs, c'est une sorte d'argile kaolinique durcie, chargée de gros cristaux oxydés de pyrites de fer, dénonçant une ancienne action réductrice longue, calme et aqueuse. L'or est souvent ici en pépites assez grosses, c'est-à-dire précipité des sels d'or sous une action lente et prolongée. Par une bizarrerie de la loi locale, ces couches aurifères ne sont pas propriété du concessionnaire des filons de quartz ou des lodes, ce qui produit de graves conflits entre les exploitants des deux sortes de gîtes qui se trouvent situés sur une même surface.

Nous avons vu que, superposées à ces couches profondes, les alluvions surperficielles sont, sur de grandes étendues, très riches en or ; comme dans les couches sous-jacentes cet or est souvent très gros et présente des pépites volumineuses, qui se sont ainsi concentrées par lavage de l'or ou précipitation chimique dans des alvéoles naturelles et qui ont pris corps avec le temps et la pression constante des sables qui les recouvraient; elles portent d'ailleurs l'empreinte de ces sables gravée à leur surface.

Les filons.

L'or déposé par les lodes primitifs détruits, toujours en poudre très fine, fut donc d'une attaque relativement facile par les agents chimiques; nous venons de voir qu'une partie de cet or en solution s'est glissée dans la profondeur des alluvions où il a été reprécipité, mais une autre partie importante de la solution du précieux métal s'infiltra dans les roches primitives elles-mêmes, dans les parties déjà décomposées des anciens lodes très pyriteux principalement, les enrichissant parfois à l'extrême et y formant les nombreux *filons* que l'on rencontre, avec tous les caractères habituels aux gîtes filoniens proprement dits. C'est dans ce cas que le problème géologique se complique et l'observateur a quelque peine à distinguer le gîte d'or secondaire du gîte primaire, ce qui expliquerait les nombreuses divergences d'opinion qu'on peut constater jusqu'ici entre les divers écrivains qui se sont occupés de cette question de la genèse de l'or dans cette contrée.

Mais quand la direction du filon est le nord-sud environ et qu'il est fortement incliné, on a de grandes probabilités d'être en face d'un lode pyriteux décomposé et dont les matériaux primitifs ont été en grande partie remplacés par les dépôts ordinaires des sources; c'est ainsi que dans une mine que nous avons plus spécialement étudiée et sur laquelle nous reviendrons souvent, la mine Vetter, près de Bardoc, propriété de la Slug Hill (Pride of the Hills) C°, on est en présence d'un gîte présentant à la fois les caractères d'un filon et ceux des lodes, au moins dans la partie supérieure décomposée. La direction oscille autour du nord-sud; le pendage est généralement élevé, le remplissage est du quartz enchevêtré dans la diorite aurifère du lode; l'or est souvent gros dans le quartz ou ses épontes et renferme un peu de cuivre et de la galène.

Il ne faudrait toutefois pas encore confondre ces filons ou dépôts secondaires avec les plans verticaux extra-siliceux qui forment la séparation des zones primitives, qui sont plus ou moins aurifères aussi, mais dérivent, comme nous l'avons dit, d'un excès de silice n'ayant pu se combiner à l'époque du refroidissement général. L'or de ces filons secondaires aurait pénétré de haut en bas et à la faveur de liquides chargés de sels d'or, et c'est là d'ailleurs l'explication classique admise par nombre de géologues : nous citerons toutefois à l'appui quelques-unes de nos observations : Nous avons vu que le sol est généralement recouvert d'une couche perméable que les eaux de pluie traversent assez rapidement; leur mouvement de haut en bas est encore favorisé par les innombrables trous verticaux, criblant la surface du sol, qui servent de refuge aux incalculables serpents et lézards de toute taille de cette contrée; d'autre part, les racines des Eucalyptus de ce parc infini pénètrent souvent à plusieurs centaines de pieds de profondeur et, comme ces arbres vivent relativement peu de temps, l'emplacement de ces racines après la mort de l'arbre, sert encore de canal de pénétration des eaux en profondeur. Enfin, sous l'influence du soleil si ardent qui frappe sans relâche sur la surface du sol, celui-ci se fendille profondément de toutes parts, les eaux de pluie s'engouffrent ensuite dans ces vides et y entraînent aussi bien les sels nitrés, les sulfates, les chlorures qui imprègnent les terres de surface, que les débris végétaux et animaux de toute sorte qui s'y accumulent au cours de l'année, toutes substances dont les actions en profondeur agiront à la longue. On peut se demander ce que deviennent ces eaux une fois sous terre : les coupes suivantes nous renseigneront beaucoup sur ce point. La figure 3 ci-jointe est la coupe

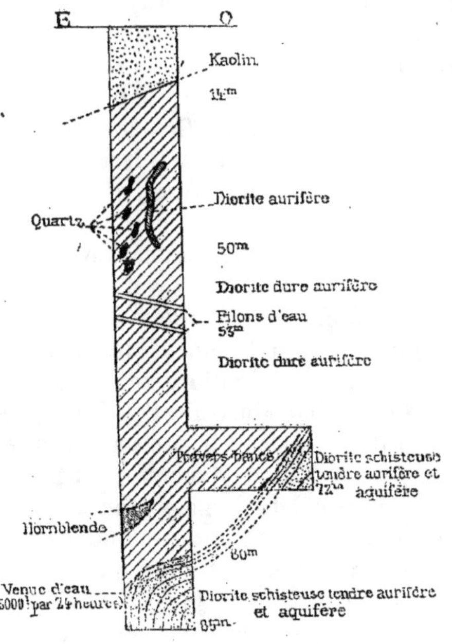

verticale d'un puits de recherche en pleine diorite dans la mine
Vetter; on remarquera que l'épaisseur des roches recoupées
dans la diorite (greenstone) avant d'atteindre réellement la
diorite, vierge des effets oxydants, est de 70 m: il faut d'abord
traverser une couche kaolinique de 14 m; puis la diorite assez
dure, mais avec des rognons de quartz indiquant une pénétration d'eau chargée de silice en dissolution. Enfin, à 53 m la
diorite prend une apparence schisteuse sur une épaisseur bien
définie et se trouve sensiblement chargée d'eaux minéralisées;
c'est ce que nous pourrons appeler un « filon d'eau » ; puis
après un entre-deux de diorite dure, apparaît un second *filon
d'eau* toujours dans la diorite devenue schisteuse de ce fait; la
diorite reprend ensuite sa compacité naturelle jusqu'à 80 m de
profondeur où la diorite schisteuse tendre réapparaît avec « filon
d'eau ». Un travers-banc à 72 m de profondeur recoupe le « filon
d'eau » avec diorite schisteuse à inclinaisons bien différentes.
Peut-être la masse de hornblende recoupée en A, moins soluble
que la diorite, qui est feldspathique, a-t-elle provoqué le chan-
gement de direction du filon.

Nous avons remarqué que ce drainage particulier des eaux
dont nous venons de parler se poursuit toujours dans une diorite,
devenue schisteuse pour leur livrer passage. Ces eaux minérales
se tracent donc un passage dans ces roches cristallisées en dissol-
vant plus ou moins les cristaux à base alcaline, et comme ces
cristaux sont distribués dans la roche avec une certaine symétrie,
l'eau se meut suivant des plans assez parallèles, ce qui donne
l'apparence de la structure schisteuse. Nous avons pu constater
souvent ailleurs le fait de roches compactes et cristallines
prenant cet aspect schisteux sous l'influence d'une pénétration
continue des eaux de la surface, et particulièrement nous l'avons
signalé sur une vaste échelle à la Nouvelle-Calédonie, où les
serpentines passent ainsi à des schistes à la surface. Plus récem-
ment, dans des fouilles que nous faisions exécuter dans des granits du Beaujolais, nous avons constaté que ces granits se feuille-
taient sur le passage des eaux de pénétration et que les feuillets
recevaient des dépôts filoniens : ce fait et ceux que nous avons
reconnus en Australie nous ont demontré jusqu'à l'évidence cet
effet curieux des eaux sur les roches les plus compactes à l'origine.

Le puits ci-dessus est foncé dans un terrain dont la surface pend
légèrement vers l'ouest, et à 7 km de là, toujours vers l'ouest,

un autre puits de recherche a été foncé *(fig. 4)* ; ici les granits ont fait place aux diorites, par suite, la décomposition de la roche superficielle est plus intense et ses assises plus perméables : un plan d'eau a été rencontré à 17 *m* ; des pompes ont permis de foncer le puits jusqu'à 30 *m*, profondeur à laquelle la quantité d'eau fournie devient considérable pour le pays et peut atteindre 200 *m*³ par vingt-quatre heures. D'autres puits pratiqués autour de ce point semblent bien indiquer qu'on a recoupé une sorte de lac souterrain, entretenu par les infiltrations des pluies et des filons d'eau semblables à ceux dont nous venons de parler.

Nous devons à l'obligeance de M. Chavra, directeur de la compagnie Slug-Hill, l'essai des eaux de ce puits, qui lui ont donné à 100° centigrade un résidu salin de 2,8 0/0 du poids de l'eau ; lequel est surtout formé de chlorure de sodium (1,811 0/0), de chlorure de calcium, d'un peu de chlorure de magnésium et de 0,267 de sulfate de chaux. Cette eau est bien moins salée que celle des lacs secs.

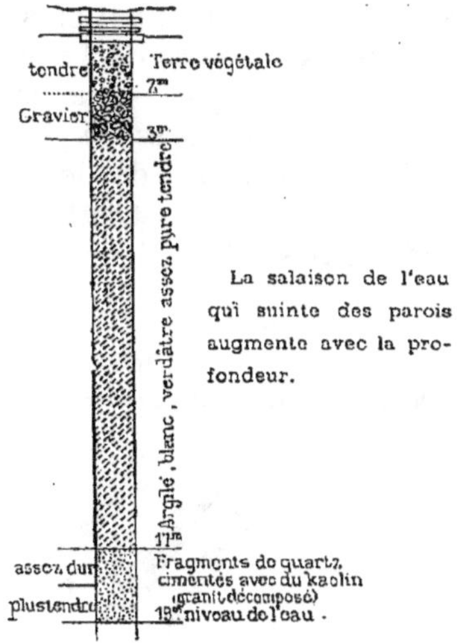

Fig. 4.

Puits atteignant un réservoir d'eau souterrain dans les granits décomposés

D'après ces indications et quelques autres d'un ordre analogue, il semblerait que, dans cette contrée, les eaux de pluie se réunissent rapidement dans les profondeurs où la roche est dans cet état intermédiaire qui sépare la zone superficielle oxydée de celle qui est restée tout à fait intacte ; là, suivant les pentes, les eaux doivent aller rejoindre les fonds des anciennes vallées et y former des réservoirs importants : ces faits permettent de conclure que des études méthodiques en profondeur arriveraient sans doute à procurer à peu de frais toute l'eau nécessaire au pays, et qu'on n'aurait qu'à supporter les dépenses peu élevées de la distillation pour les besoins de l'homme, des animaux et des chaudières à vapeur. Dans cette contrée si aride, l'étude des « filons d'eau » et dés eaux souterraines en général a donc une très grande importance, car, en dehors de la recherche des bassins où ces eaux se réunissent, en profondeur, il y a encore l'étude de la formation géologique et minéralogique actuelle de certains gîtes aurifères, de ceux au moins, et en grand nombre, qui dérivent des actions permanentes de ces « filons d'eau » minéralisés. Nous avons d'ailleurs constaté des effets chimiques très curieux dus à ces eaux salines qui se sont frayé des chemins réguliers à une certaine profondeur. Ainsi, pendant que les pyrites disparaissent dans les zones supérieures, d'autres se reforment plus bas où des sulfates de fer et de cuivre se trouvent en contact prolongé avec les matières organiques dont nous avons parlé plus haut ; en ces mêmes points, le sel d'or en dissolution a laissé la preuve de son existence antérieure dans la source, par de légers enduits d'or métallique enclavés entre les pseudo-stratifications de la greenstone, ainsi que le montrent les échantillons que nous avons

Fig. 5.

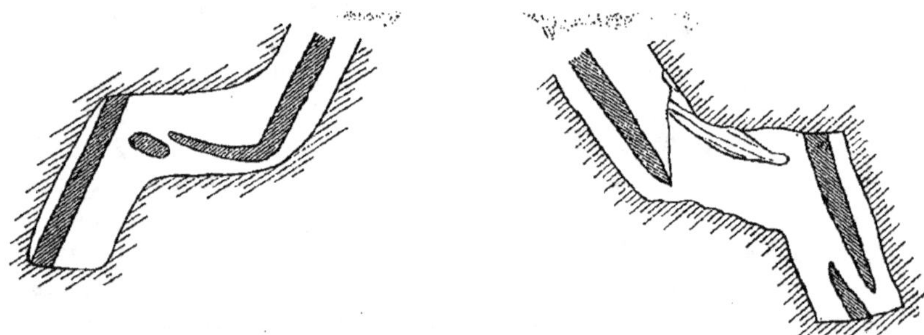

rapportés, soit du district de Kalgoorlie, soit de Vetter. Nous avons vu *(fig. 3)* que les eaux qui descendent ainsi dans la profondeur sont loin de descendre verticalement suivant la loi de la pesanteur, elles sont, en effet, contrariées dans leur course par la plus ou moins grande compacité ou insolubilité des roches qu'elles rencontrent ; elles doivent alors les tourner, ainsi que le montre la figure 5 ci-contre où les filons se bifurquent ; les eaux salines forment donc leurs dépôts d'une façon très capricieuse, sans que l'on puisse facilement voir la continuité de leur cours, et souvent leur suintement se bifurque, se ramifie, s'arrête, suivant les obstacles rencontrés et tel est le cas de la figure 5, qui montre la forme du filon sur chacune des deux faces opposées d'un même puits.

La figure 6 montre, par le plan d'une galerie de direction, la manière dont le même filon se découpe en deux tronçons qui se séparent l'un autour de l'autre. La figure 7 est encore une pliure

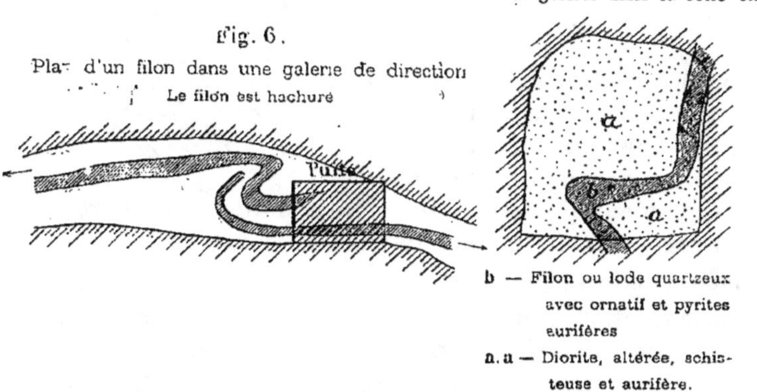

du filon-lode de la mine Vetter, dont le type est assez fréquent et dans le voisinage de cette mine, à Bardoc il existe une mine dont le filon se replie quatorze fois de suite, comme un véritable escalier.

Les eaux minéralisées abandonnent en profondeur, avec leur or, la silice de leurs silicates alcalins en dissolution, de sorte qu'après avoir fait des vides en enlevant les bases des roches primitives, elles les comblent, les remblaient, avec la silice, des pyrites et des carbonates de chaux : cette obturation devient si complète que les eaux finissent par ne plus pénétrer, le filon est alors complet. Parfois au voisinage des placers eux-mêmes, les dépôts, par les eaux, des quartz aurifères se concentrent en amas d'une richesse en or absolument incroyable, comme fut la découverte de Bailey, d'où naquit l'essor des mines à Coolgardie ou bien celle qui prit le nom de Londonderry, dont on a pu voir il y a peu de temps les merveilleux blocs de quartz blanc chargés d'or natif, exposés place de l'Opéra. Mais, généralement, en profondeur le filon s'arrête, ou s'appauvrit très notablement. Les failles sont naturellement rares et les rejets de peu d'importance ici ; nous montrons *(fig. 8)* un de ces rejets où le vide formé s'est rempli d'un filet de calcaire : ces calcaires renferment presque toujours un peu d'or en poudre très fine. Nous avons constaté plusieurs fois ce fait dans les parties oxydées des lodes de Kalgoorlie, à la mine Vetter, etc., mais le plus souvent le calcaire est dans le sens de la schistosité.

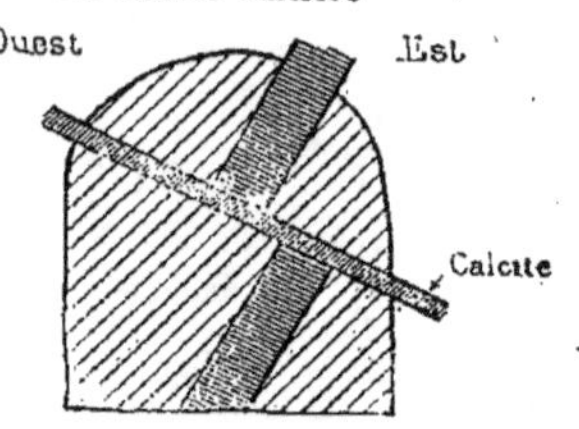

Fig. 8.

Mine Vetter (Bardoc)

Lorsque l'action des eaux fait son œuvre dans les parties supérieures d'un lode épais, les changements de nature et d'aspect que nous avons déjà signalés deviennent énormes et une première inspection seule ferait douter absolument qu'il y a eu autrefois identité entre les roches de la surface et celles qu'on trouve en profondeur.

Ces modifications principales sont :

1° Transformation à peu près complète des sulfures et tellurures en oxydes de fer ocreux, souvent manganésifères.

2° Disparition partielle des bases des gangues dioritiques, dont il ne reste que des squelettes quartzeux courant au travers d'argiles chargées d'oxydes de fer hydratés.

3° L'ancienne diorite, déjà souvent pseudo-schisteuse, changée en schistes à feuillets parfois très minces, devenus blancs [1] par suite du départ de l'oxyde de fer.

4° Précipités de nouvel or sous la forme de petits filets, paillettes en enduits extra-minces dans les feuilles des schistes ci-dessus, en petits cristaux cubiques disséminés au hasard dans l'ensemble de la masse : enfin en poussière brune très divisée, véritable préciptité d'or.

Dans ces couches dioritiques aquifères profondes, devenant peu à peu des filons minéraux plus ou moins complexes, la roche primitive n'a pas toujours entièrement disparu ; les parties d'une extrême compacité, privées de pyrites et d'un excès de felds-

---

[1] Ces schistes sont analogues à ceux qui forment la chaîne importante d'Arama à la Nouvelle-Calédonie et que j'avais considérés comme dérivant par décomposition des roches amphibolitiques qu'ils surmontent dans mes écrits sur la géologie de cette île.

path, restent comme témoins à l'état de masses plus ou moins importantes, noyées dans la nouvelle matière filonienne, argileuse, argilo-schisteuse ou quartzeuse : nous donnons *(fig. 9)* une face de galerie dans ces lodes présentant des rognons quartzeux dont nous avons constaté la présence aux mines « Great Boulder », « Vetter » et autres.

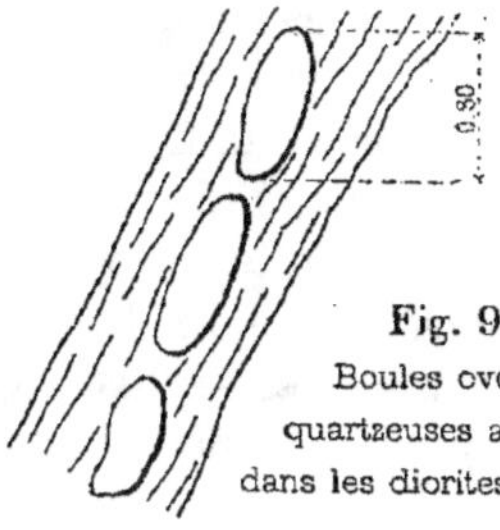

Fig. 9

Boules ovoïdes
quartzeuses aurifères
dans les diorites des lodes

5° La disparition par dissolution de la masse que représentaient tout d'abord la majeure partie des bases des roches primitives et aussi du soufre et du tellure, a réduit le volume initial du lode dans une pro-

Fig. 12.

Coupe transversale A B de la fig. 12

Mine Ivanhoe

Échelle 1/100

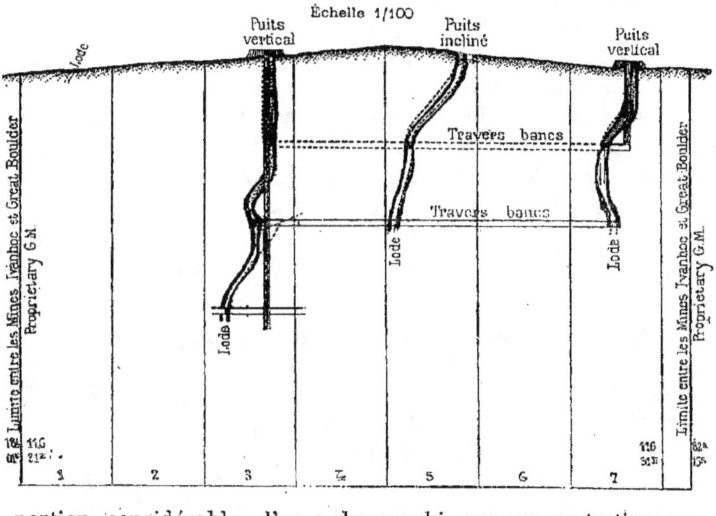

portion considérable ; l'or a donc subi une concentration notable et s'est encore accru des apports des placers ; ces lodes décomposés sont donc parfois d'une richesse énorme, tandis que la partie du lode non décomposée sur laquelle ils reposent, reste intacte et ne contient qu'une proportion d'or relativement faible.

6° Pendant la diminution de volume de la partie supérieure du lode, celui-ci subit un affaissement qui dévie ce lode de sa verticalité primitive: il affecte alors des inclinaisons s'approchant plus ou moins de l'horizontale ou bien, se replie une ou ou plusieurs fois sur lui-même ainsi que le montrera la figure 12.

La profondeur atteinte par la décomposition des lodes est variable suivant les cas; elle est de 30 m à la mine Vetter; de 100 m à la « Great Boulder proprietary » et plus élevée encore dans les lodes limitrophes à l'ouest de la précédente mine, c'est-à-dire dans la « Golden Horseshoe » et l' « Ivanhoe »; pendant que, au contraire, les mines limitrophes de la « Great Boulder », à l'est, sont moins profondément décomposées, mais leurs lodes, étant plus rapprochés de la ligne de faîte, ont peut-être moins été altérés par le passage des eaux.

7° La diminution de volume due à la décomposition superficielle des lodes est généralement plus grande que celle de la diorite encaissante, moins pyriteuse, ce qui provoque encore parfois un glissement de la partie décomposée le long des parois de la diorite encaissante, et ces parois en sont striées ou polies d'une façon très nette.

8° Les parties intérieures des lodes contiennent quelquefois des matières graphitiques; ce fut le cas à 130 m de profondeur dans la mine « Lake View »; c'est, évidemment, du carbone éruptif, et ces roches se trouvaient, étant liquides, sous une action réductrice, ce qu'accuse bien, d'autre part, la couleur verte des roches profondes, due à la présence du protoxyde de fer.

Détails sur quelques mines importantes.

Le cadre de ce mémoire ne nous permet pas d'aborder une description quelque peu détaillée des mines découvertes dans cette contrée; quoique ouverte depuis peu d'années à l'industrie des mines, on a fouillé le sol avec tant d'ardeur que les travaux faits sont déjà presque innombrables et ont signalé l'or dans des conditions très diverses; mais nous avons expliqué ci-dessus que, selon nous, la source primitive du précieux métal est toujours la zone dioritique éruptive.

Le Dr Schmeisser a publié un ouvrage sur les mines que l'on consultera avec fruit, comme tout ce qui vient de la plume de ce savant géologue; le baron Sloet van Oldrutenborg a contribué à l'étude de ces mines par un autre mémoire ; enfin l'Ingénieur Gaskuel, vient de publier une étude descriptive des mines. Nous nous contenterons donc de dire quelques mots des exploitations actuellement les plus renommées et que l'on nous saurait mau-

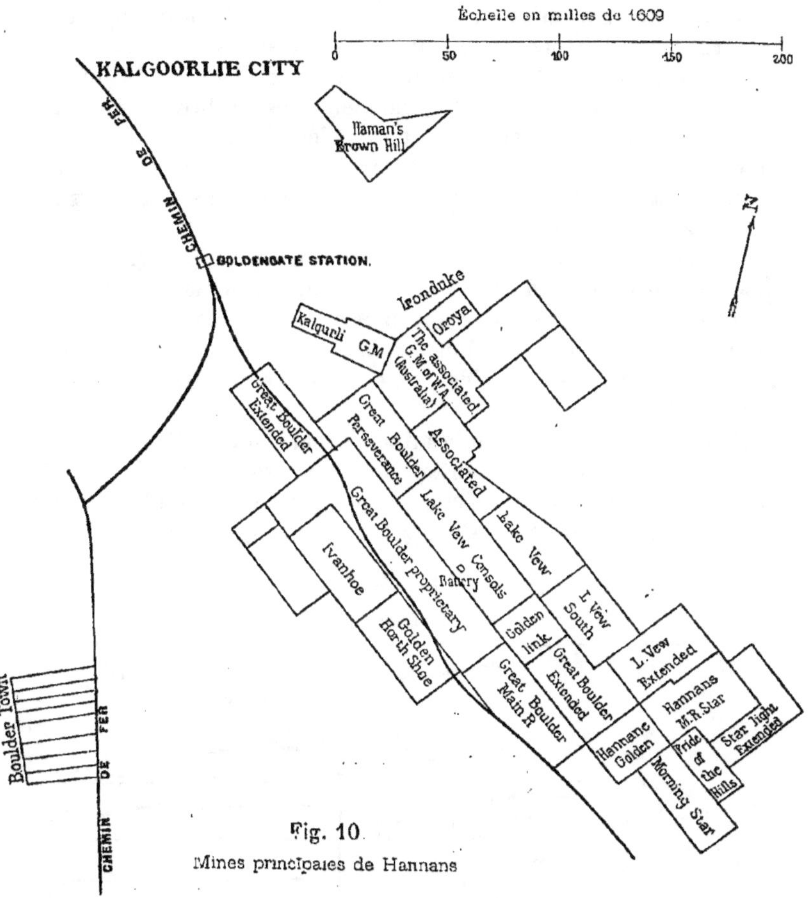

Fig. 10

Mines principales de Hannans

vais gré de passer sous silence. Ces exploitations, les plus riches de la colonie et de l'Australie entière, sont situées dans le district de Hannan, qui a donc conservé le nom de leur inventeur, et nous en donnons ci-joint le plan général *(fig. 10)*, avec le tracé de la plupart des terrains concédés. La ville qui s'est élevée au

N.-O., sous le nom de Kalgoorlie est déjà importante et tracée suivant le mode nord-américain : au sud, au pied de l'ensemble des mines, est la cité naissante de Boulder ; les mines s'étalent sur une pente qui se termine par une arête dirigée à peu près nord-sud et dominant la cité de « Boulder « de 30 *m* environ (d'après notre baromètre) ; c'est sur cette pente que viennent affleurer les lodes renommés dont nous parlerons.

Au sud, cette arête se termine par la mine « Pride of the Hills », à partir de laquelle une pente assez brusque rejoint la grande plaine du sud ; au nord, c'est la mine « Hannan's Reward » qui semble compléter l'ensemble de la zone aurifère et là où Hannan trouva tant d'or à la surface du sol, le sous-sol est assez pauvre jusqu'ici.

Le sol est ici fouillé de toutes parts et l'on est frappé de la grande quantité de minerai de fer gisant à la surface mélangé au sable rouge et à des fragments de quartz ; ce minerai, en rognons plus ou moins gros, est une hématite brune ; celle-ci est rarement aurifère, bien qu'elle dérive, à n'en pas douter, des pyrites des lodes.

Nous visitâmes avec soin la mine « Great Boulder Proprietary » ; les lodes exploités y présentent le caractère légèrement schisteux dans la diorite compacte ; les pyrites, assez abondantes, sont cristallisées ou amorphes. On a remarqué que ces pyrites de-

Fig. **21.**

Plan des mines : Great Boulder propriétary, Ivanhoé et Golden Horse shoe

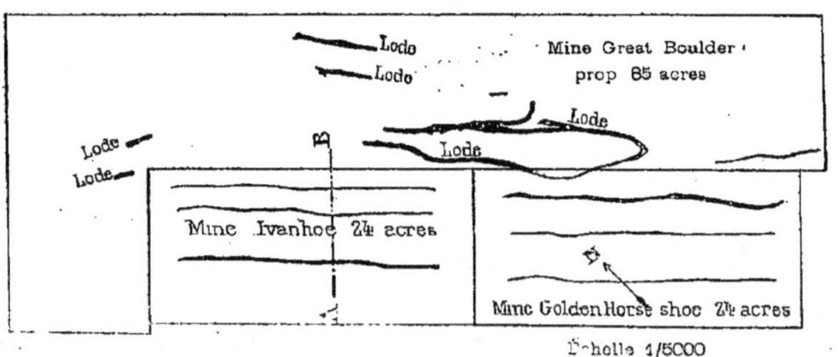

viennent parfois très tendres et semblent tomber en poussière, dans ce cas, elles sont plus riches en or ; ce métal aurait donc une action dissociante sur la pyrite dans les conditions physiques actuelles.

On a remarqué que les plus grandes richesses en or correspondent souvent aux plus grandes largeurs du lode. On a rencontré un filon de quartz transversal à la direction des lodes, il n'a que 0,40 *m* d'épaisseur, mais tient 2 onces 1/2 d'or à la tonne. Comme l'indique le plan *(fig. 21)*, deux de ces lodes viennent à la rencontre l'un de l'autre ; à celle de leurs extrémités où ils se rejoignent la richesse en or est plus grande. La décomposition des lodes s'arrête à 70 *m* en moyenne, et là l'eau abonde. La présence de la pyrite n'est pas toujours un signe de richesse en or ; la diorite pseudo-schisteuse, sans pyrites visibles à l'œil, est généralement plus riche en or ; on a rencontré en profondeur plusieurs petits amas de tellurures d'or d'une excessive richesse, vu leur énorme densité et leur fusibilité ils ont dû se liquater au début et se masser dans les profondeurs ; l'un de ces amas a fourni 150 *kg* de minerai à 50 0/0 d'or environ, soit une valeur totale de 200.000 *f* d'or.

On traverserait, au moment où nous écrivons ces lignes, une zone tellurée tenant 50 onces d'or à la tonne, c'est-à-dire que la roche brute extraite vaut 5 *f* le kilogramme, si l'on fait abstraction des frais qui deviennent, dans ce cas, insignifiants. Ces tellurures sont généralement très disséminés et ne sont presque jamais visibles à l'œil nu.

D'après l'Ingénieur qui nous guidait, quatre lodes très aurifères étaient reconnus, ayant respectivement des longueurs de 700 *m*, 350 *m*, 300 *m* et 200 *m* ; avec des épaisseurs respectives de 3 *m*, 1,50 *m*, 3,30 *m* et 1,50 *m* et des teneurs de 3 onces à la tonne, 1 once 1/2, 3 onces et 1 once 3/4 ; les résultats des traitements semblent indiquer en effet de pareilles teneurs. Dans ces calculs n'est pas tenu compte des zones considérables de diorite intercalées ou enveloppantes, presque inépuisables, qui seraient exploitées avec bon bénéfice si le matériel existant n'était tout consacré à passer le minerai des lodes riches.

A l'époque de notre passage les travaux, venaient d'atteindre le niveau de 130 *m*, et c'est avec hésitation qu'on s'enfonçait en profondeur, craignant de voir s'appauvrir les lodes ; à l'heure actuelle le niveau de 300 *m* est atteint et dépassé, et les lodes ne disparaissent pas ou semblent remplacés par de nouvelles zones riches, grossièrement lenticulaires, confirmant notre première opinion sur la genèse de ces concentrations métallifères, opinion d'après laquelle, la limite des gîtes en profondeur sera seulement celle que l'industrie humaine sera capable d'atteindre. Au

Transvaal, nous avons dit ici même que la limite des couches en profondeur serait celle de la profondeur des mers dans lesquelles elles s'étaient déposées à peu près comme nous les voyons aujourd'hui, et dans une des dernières séances de la « Société de Géologie Sud-Africaine », l'un des membres déclarait que jusqu'ici les faits nous avaient donné raison. Nous avons une certaine satisfaction à rappeler ce fait, si l'on en peut déduire qu'ici notre opinion sur le prolongement en profondeur des lodes n'est pas moins nette.

Nous remarquerons qu'à Kalgoorlie le pendage des lodes est légèrement incliné vers l'ouest, de sorte que le lode de l'ouest de la « Great Boulder » pénètre dans la « Golden Horseshoe » à la profondeur de 60 m environ, fournissant de nouvelles richesses à cette mine déjà si riche.

En dehors des quatre lodes travaillés à la « Great Boulder », on en distinguait quatre autres vers l'est, ne tenant que 15 à 25 g d'or à la tonne, mais l'un de ces lodes aurait 12 m d'épaisseur.

Nous répéterons encore que les lodes exploités se fondent peu à peu dans la diorite et qu'on s'arrête d'abattre celle-ci quand elle passe à une teneur bien au-dessous d'une once à la tonne : le centre du lode contient en moyenne quatre et trois onces à la tonne ; ce qui est encore à noter dans ce centre, c'est que l'or recueilli est pur, sans alliage d'argent, tandis que dans la plupart des autres mines de la colonie, on compte près de 20 0/0 d'argent et de métaux étrangers dans le « bullion » recueilli.

Nous avons dit que la mine Golden Horseshoe, limitrophe, à l'ouest, de la Great Boulder, reçoit, à la profondeur de 60 m environ, l'un des lodes riches de la « Great Boulder », lequel penche vers l'ouest de 10° environ, à partir de la verticale : cette mine est sans doute unique au monde pour la concentration et la richesse de ses lodes ; sa surface est de 9 1/2 ha seulement et si l'on compte la valeur de ses 300 000 titres à 400 f l'un, chiffre qui a été dépassé, on arrive à 120 millions de francs pour la valeur totale, soit plus de *12 millions* par *hectare* ; il y a peu d'années, les propriétaires n'avaient mis cette mine sur le marché qu'à 2 millions 1/2 de francs. La production mensuelle de la « Golden Horseshoe » a atteint 9 400 onces d'or, soit pour 9 400 000 f d'or avec 30 pilons seulement, et l'on se prépare à doubler cette installation : les Ingénieurs se trouvent ici en face d'une difficulté bien rare ; à cause de la faible étendue de la concession et de la grande surface qu'y occupent les affleurements de la série des lodes riches, qu'il faudra exploiter, on ne sait où installer les nouvelles usines de traitement; on ne peut s'étendre en dehors du périmètre concédé qu'occupent déjà des mines en marche.

La mine « Ivanhoe », qui limite au nord la « Golden Horseshoe » semble être dans des conditions analogues au point de vue de la richesse et du nombre des lodes.

Les minerais extraits sont passés dans les batteries, sauf triage des tellurures extra-riches qui sont fondus avec du plomb.

Voici une des moyennes d'un mois à la « Golden Horseshoe », celui de juillet 1899 :

La batterie de 30 pilons a marché 30 jours.

On a recueilli sur les plaques 6 369 *onces* d'or.

Les tailings tenaient 1 once 1/3 à la tonne.

La cyanuration de 1 500 *t* a donné 2 099 onces.

Les concentrés tenaient 300 onces.

Le traitement de 92 *t* de concentrés a fourni 1 411 onces.

Toutes les dépenses, prises *sur le compte revenu*, ont été de *101.000 f.*

La valeur totale de l'or recueilli fut de 975 000 *f.*

La mine « Lake Vew Consols », limitrophe à l'est de la « Great Boulder prop. », a un lode très allongé, reconnu sur environ 600 *m* de longueur.

Au nord de la « Lake Vew », et dans la même direction, il faut citer la mine « Australia », de la Compagnie « Associated Gold Mine », où l'on a découvert des blocs de tellurures d'une valeur énorme : les travaux étaient à 160 *m* de profondeur au moment de notre passage, et le lode avait une épaisseur de 13 *m* de minerai avec une teneur de 2 onces par tonne.

Plus au nord et encore limitrophe, dans la mine « Kalgurli », on retrouve le prolongement du lode de 13 *m* de la mine Australia » : nous avons visité les galeries tracées dans ce lode, elles ont presque des dimensions de cathédrales, le roc étant très solide : le lode est la diorite habituelle, mais plus spécialement chargée ici de pyrites et de tellurures : on espérait pouvoir cyanurer directement après broyage à sec et grillage. A 100 *m* de profondeur, en suivant une mince veine de minerai, les recherches ont rencontré un lode de 6 *m* de large devenant de plus en plus riche en profondeur. Dans l'ouest de la mine, on explorait un lode large de 10 *m*, sur une longueur de 30 *m*. Une partie de cet amas fournit du minerai de 9 onces à la tonne. Ici, dans les niveaux supérieurs, les filets de calcite avec or libre et gros sont assez nombreux. Les tellurures d'or se montrent en petits filets ou enduits. La partie oxydée n'a que 30 m de hauteur. Les gisements ont la forme de masses lenticulaires.

A partir de la mine Australia et vers le nord, le sol descend en pente assez rapide et conduit à la mine « Hannan's Brown Hill » qui mérite de nous arrêter un moment.

Contrairement à ce que nous venons de dire pour les lodes de Kalgurli et Australia, le gite est ici le véritable type du lode absolument oxydé et décomposé par les circulations internes des eaux : ce qu'il en reste est une sorte d'effondrement, de réduction de volume sur place, et tous les caractères que nous avons décrits sur l'action des eaux minérales internes s'y retrouve ; c'est, pour nous, un lode classique à visiter et étudier avant qu'il disparaisse. La partie supérieure des lodes, ici tellement décomposée, présente l'or, non seulement en abondance, mais sous toutes les formes : or gros, fin, en enduits, en poudre brune précipitée ; mais quand on arrive sur la roche solide, c'est-à-dire non décomposée, le lode est de teneur très ordinaire. Le fer, à l'état de peroxyde hydraté, argileux, a rendu le traitement impossible au début, et il a fallu créer des méthodes nouvelles dont nous parlerons. L'or, dans cette mine, ne semble pas avoir été combiné au tellure ; car il n'a pas d'argent. Nous n'entrerons pas dans la description détaillée de ces amas décomposés, ce serait la répétition complète de ce que nous avons dit plus haut.

Récents progrès de la métallurgie de l'or en Australie occidentale.

On sait qu'au Transvaal il a fallu perfectionner les méthodes pour arriver aux bénéfices sérieux que l'on réalise aujourd'hui ; c'est ainsi que l'on a utilisé avec un grand profit la propriété, connue depuis longtemps, que l'or possède de se dissoudre dans une solution, même très faible, de cyanure de potassium ; on traite par ce moyen les minerais déjà pilés et passés au mercure, et on leur enlève l'or qu'ils contiennent encore, lequel jusqu'ici était perdu.

En Australie occidentale on a bien aussi appliqué la cyanuration, mais certains minerais ne s'y prêtent pas toujours comme au Transvaal où les minerais sont extraquartzeux et fournissent des poussières qui se liquatent bien en se séparant de la solution de cyanure d'or ; voici la composition générale de ces minerais des lodes :

Silice. 50
Alumine 3
Fer peroxydé 12
Chaux et magnésie. 12

Le minerai des lodes ne contient donc que 50 0/0 de silice, 10 à 15 0/0 d'oxyde de fer, et un complément de chaux, magnésie, alumine et alcalis et ses poussières, après avoir passé à la batterie, non seulement gardent environ une proportion de 50 0/0 de l'or resté sur les plaques d'amalgamation, mais fournissent souvent une boue gluante dont l'eau ne se sépare que très à la longue. On eût donc été obligé de renoncer aux avantages de la cyanuration, car la solution de cyanure d'or n'aurait pu se séparer des boues. C'est alors qu'on eût heureusement l'idée d'introduire dans des filtre-presse la matière cyanurée, d'en extraire d'abord par la pression le plus de liqueur de cyanure d'or possible, puis d'enlever le complément par un fort courant d'eau forcé au travers de la masse pressée, courant que l'on arrête aussitôt qu'il sort à peu près privé de cyanure. Dans les mines bien organisées, le mélange de poussières et de cyanure est malaxé mécaniquement dans des cuves fermées ; quand l'or est dissous, un courant d'air comprimé lance le mélange dans les filtres-presses où les boues se concentrent en une série de gâteaux parallèles de quelques centimètres d'épaisseur : un accumulateur envoie ensuite son eau pour le lavage. Nous n'entrerons pas dans le détail de ces filtres, qui ne diffèrent d'ailleurs pas beaucoup de ceux que nous usitons dans nos usines de produits chimiques. La dernière eau est reprise pour traiter de nouvelles boues avec addition de cyanure et, de la sorte, on extrait environ 90 0/0 de l'or de ces boues. Quant aux sables gros ou tailings, ils sont traités comme d'habitude dans des cuves.

On a fini par reconnaître qu'avant de soumettre les sables broyés au liquide cyanuré, il était important de classer ces sables par ordre de grosseur, de façon que l'or contenu dans chaque catégorie fût aussi de la même grosseur ; quand on agit autrement, le grain le plus fin est dissous en quelques heures, pendant que les grains les plus gros ne le sont qu'en quelques jours ;

on laissait donc, pour ne pas perdre d'or, l'attaque au cyanure se prolonger très longtemps. Quand les grains sont classés de grosseur, chacune des catégories ne reste dans les bacs que le temps nécessaire à la dissolution. Au Transvaal, on emploie surtout pour ce classement le « spitzkasten », mais cet appareil convient médiocrement, car il n'est qu'un classificateur insuffisant pour ce genre de sables extra-boueux; j'avais donc pensé à classer les grains dans un appareil analogue à certains de ceux qu'on emploie pour la houille, mais avec l'aide de plaques de cuivre amalgamées (1). La Compagnie de Fives-Lille voulut bien me prêter son précieux concours pour l'étude complète de mes appareils, mais nous trouvâmes, en Australie, une vaste usine en construction basée sur un principe analogue. On employait de l'air en mouvement au lieu de l'eau. L'usine se construisait pour le traitement des minerais si argileux et ferrugineux de la mine Hannan's Brown Hill, dont nous avons parlé, dont l'or, enveloppé d'argile, avait résisté jusque-là à tous les systèmes connus pour l'extraction de l'or, et c'est le classement préalable des poussières par ordre de grosseur qui seul put résoudre le problème; un Ingénieur allemand, M. Diehl, après broyage, opérait donc un véritable blutage de ces minerais, classant l'or et les sables par grosseur, puis cyanurant et filtrant les poussières comme nous avons dit plus haut; le succès fut complet. Nous ajouterons que l'usine était construite entièrement aux frais d'une compagnie spéciale, qui se contentait pour paiement, en cas de réussite, d'une certaine quantité d'actions de la Compagnie minière, cédées à un taux réduit. L'usine était prévue pour traiter 100 t par jour de minerai ; elle exigeait pour sa construction 400 t de fer rien que pour les bâtiments : les opérations peuvent se résumer de la façon suivante pour ce traitement nouveau : 1° élévation du minerai brut à un niveau supérieur; 2° grillage complet du minerai pour en chasser le soufre et le tellure; 3° concassage du minerai; 4° broyage du minerai au « krupp mill »; 5° division des poussières en six grosseurs par des ventilateurs qui les chassent et les laissent successivement déposer dans six compartiments; 6° les gros sables vont dans des cuves à cyanuration ordinaires; 7° les poussières ténues sont cyanurées, puis filtrées comme nous l'avons décrit un peu plus haut.

(1) Procédé et appareil pour concentrer, classer et amalgamer les minerais (1896).

4

Nous remarquerons que les minerais que les eaux ont pénétrés, sont tellement imprégnés de sels marins qu'il faut les laver soigneusement à l'eau douce avant de les griller : M. P. Charra, directeur de la Compagnie Slug hill (Pride of the Hills), a constaté jusqu'à 80 0/0 de perte d'or par grillage de minerais non lavés, tant le chlorure d'or volatil se forme facilement. Le traitement des tellurures est donc assez facile ici, tandis que dans les usines du Colorado où il abonde, sa métallurgie est rendue si coûteuse, à cause des déchets, par suite de la présence du spath fluor qui permet la volatilisation de l'or à l'état de fluorure au moment du grillage ou de la fonte.

Les tellurures d'or sont ici de deux sortes; ceux qui sont nettement noirs, généralement en très minces feuilles, ont l'analyse suivante :

Mercure	11
Or	21
Argent	30
Tellure	37
TOTAL	99

Leur densité est de 8,791.

Les tellurures d'un jaune pâle ou de laiton, contiennent :

Tellure	57
Or	42
TOTAL	99

Leur densité est de 9,377.

Le triage des parties chargées de ces minéraux est soumis à la fusion plombeuse dans des usines spéciales.

Productions actuelles de l'or en Australie occidentale.

L'extraction totale de l'or dans le seul district de Hannan's dans l'année 1898, a été de 795 272 onces (79 527 200 *f*) et les dividendes distribués se sont élevés dans la même année à 44 millions de francs, soit plus de la moitié de la valeur de l'or produit. Les mines les plus renommées de ce district et dont nous avons parlé, ont fourni les dividendes suivants depuis leur organisation jusqu'à octobre 1899 :

Great Boulder proprietary. . . .	18 225 000 f
Lake Vew consols	21 875 000
Golden Horseshoe	7 500 000
Ivanhoe	6 250 000
Associated gold mines	5 625 000

Comme les usines vont se construisant, se doublant, s'améliorant, on espère voir les dividendes augmenter très vite dans une très notable proportion. Nous rappellerons que ce district n'est exploité que depuis cinq ans.

Le tableau ci-dessous est extrait de publications officielles du gouvernement ouest-australien pour toute sa colonie et pour le mois de juillet (dernier document publié) :

Or d'alluvion	428 000 f
Pépites	85 000
Or d'amalgame ou de cyanuration	14 200 000
Total pour un mois. . .	14 713 000 f

ce qui correspond à une production annuelle de $15 \times 12 =$ 180 millions de francs, et cette production, avons-nous dit, n'est qu'à ses débuts !

CONCLUSIONS

En présence de l'étendue considérable des terrains anciens reconnus en Australie occidentale et semblables pétrologiquement à ceux dont nous avons parlé, il n'est pas douteux que des mines nouvelles nombreuses et très riches sont encore à découvrir. Ici les mines sont mieux cachées qu'au Transvaal, par exemple, où les couches aurifères très quartzeuses se signalent généralement en saillies au-dessus du niveau des plaines et s'aperçoivent même de loin : cachés ici par la couche de sable alluvionnaire, les lodes ne sont mis au jour que par des tranchées tracées souvent au hasard ; il en est de même des placers souterrains : il faut donc s'attendre à ce que ce pays, si déshérité sur d'autres points, devienne une des plus inépuisables sources d'or du monde entier. Bien plus, selon nous, on doit encore s'attendre à recouper ici en profondeur la classe des métaux qui se confine dans ce genre de terrains anciens et tels que l'étain et son groupe : ce seront là, pour l'avenir, de nouvelles richesses. En résumé, ce pays, qui ne produira jamais rien en dehors des métaux, fera pourtant vivre par l'échange et pendant de longues années, une grande quantité de travailleurs, qui seront une excellente clientèle pour les autres peuples.

IMPRIMERIE CHAIX, RUE BERGÈRE, 20, PARIS. — 2408-2-00. — (Encre Lorilleux).

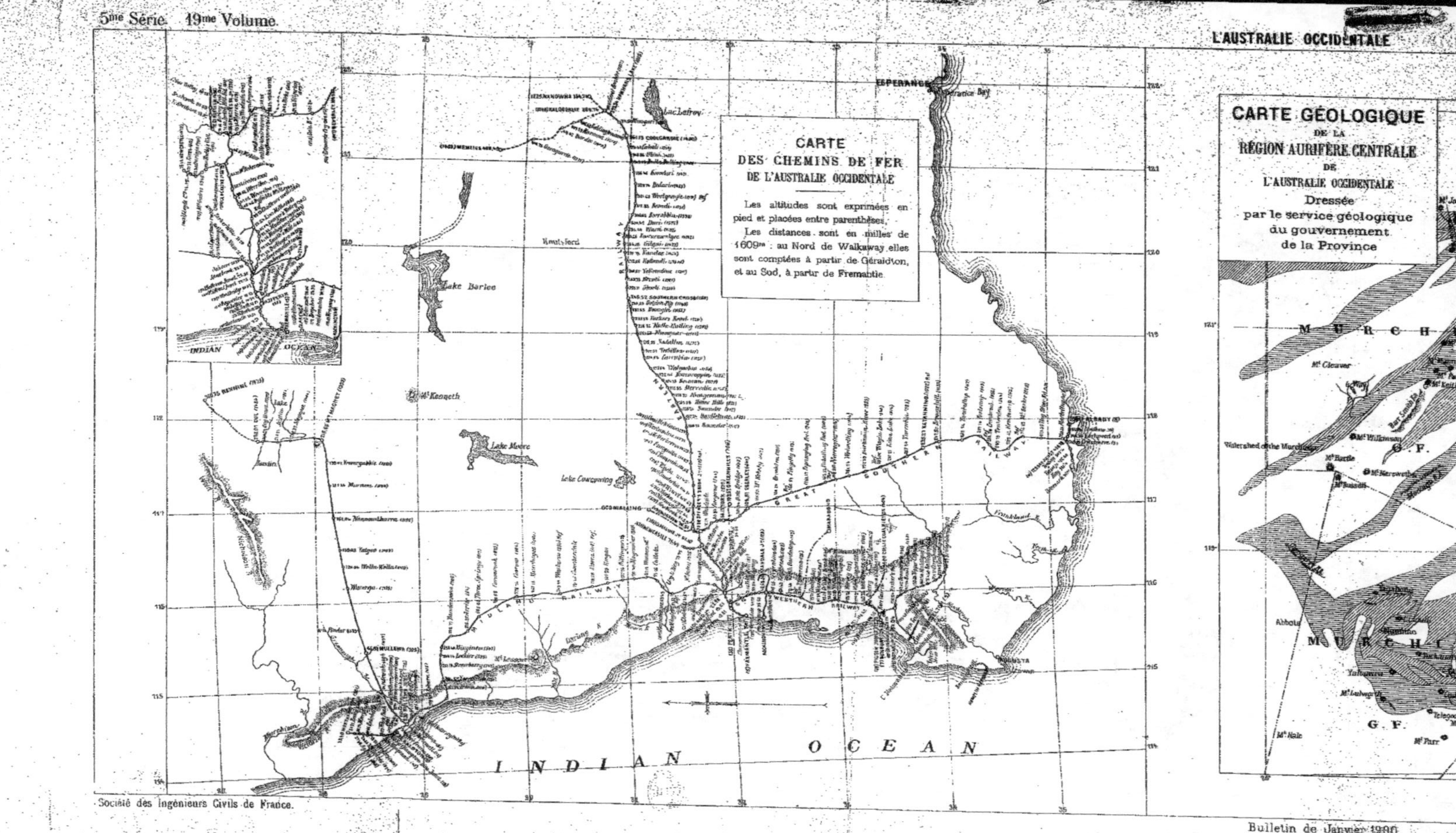

CARTE
DES CHEMINS DE FER
DE L'AUSTRALIE OCCIDENTALE
Les altitudes sont exprimées en pied et placées entre parenthèses.
Les distances sont en milles de 1609m ; au Nord de Walkaway elles sont comptées à partir de Géraldton, et au Sod, à partir de Fremantle.
CARTE GÉOLOGIQUE
DE LA
RÉGION AURIFÈRE CENTRALE
DE
L'AUSTRALIE OCCIDENTALE
Dressée
par le service géologique
du gouvernement
de la Province
ESPERANCE
Lac Lefroy
Lake Barlee
Lake Moore
Lake Cowcowing
INDIAN OCEAN
RAILWAY
GREAT SOUTHERN RAILWAY
EASTERN RAILWAY
MIDLAND RAILWAY
MURCH
G. F.

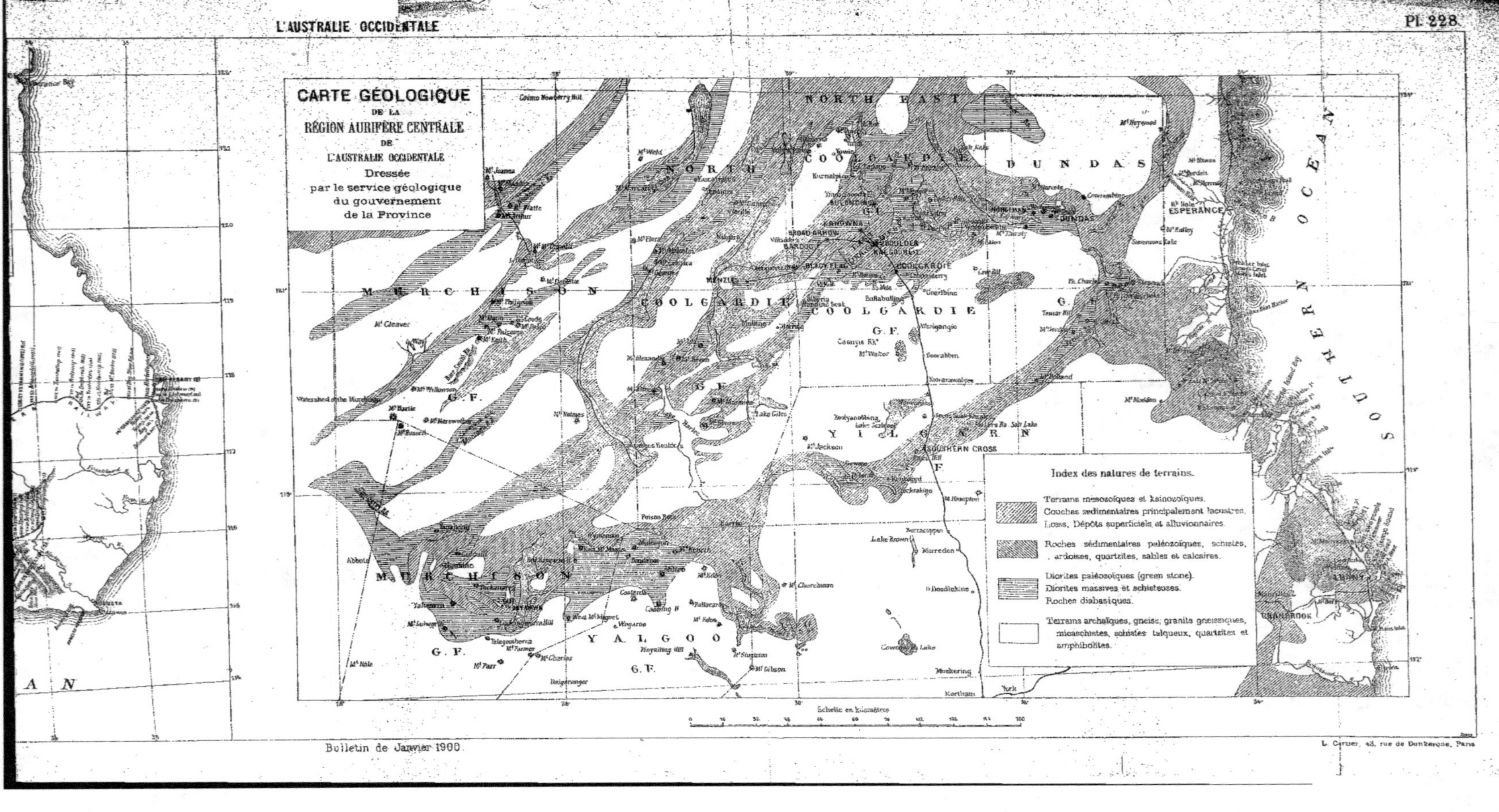
CARTE GÉOLOGIQUE
DE LA
RÉGION AURIFÈRE CENTRALE
DE
L'AUSTRALIE OCCIDENTALE
Dressée
par le service géologique
du gouvernement
de la Province
Index des natures de terrains.
Terrains mésozoïques et kainozoïques.
Couches sédimentaires principalement lacustres.
Loess, Dépôts superficiels et alluvionnaires.
Roches sédimentaires paléozoïques, schistes,
ardoises, quartzites, sables et calcaires.
Diorites paléozoïques (green stone).
Diorites massives et schisteuses.
Roches diabasiques.
Terrains archaïques, gneiss, granits gneissiques,
micaschistes, schistes talqueux, quartzites et
amphibolites.
NORTH EAST
COOLGARDIE
DUNDAS
MURCHISON
COOLGARDIE
YILGARN
YALGOO
SOUTHERN CROSS
ESPÉRANCE
SOUTHERN OCEAN
G.F.
Échelle en kilomètres

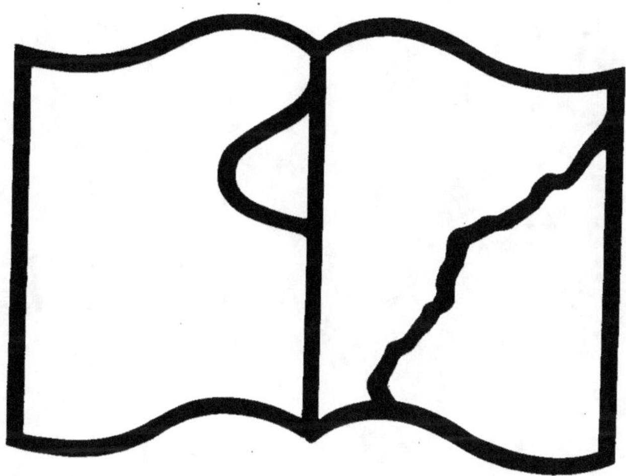

Texte détérioré — reliure défectueuse

NF Z 43-120-11

www.ingramcontent.com/pod-product-compliance
Lightning Source LLC
Chambersburg PA
CBHW061629060726
47597CB00005B/1867